# 吳忠信日記

## （1942）

The Diaries of Wu Chung-hsin, 1942

# 民國日記｜總序

呂芳上
民國歷史文化學社社長

　　人是歷史的主體，人性是歷史的內涵。「人事有代謝，往來成古今」（孟浩然），瞭解活生生的「人」，才較能掌握歷史的真相；愈是貼近「人性」的思考，才愈能體會歷史的本質。近代歷史的特色之一是資料閎富而駁雜，由當事人主導、製作而形成的資料，以自傳、回憶錄、口述訪問、函札及日記最為重要，其中日記的完成最即時，描述較能顯現內在的幽微，最受史家重視。

　　日記本是個人記述每天所見聞、所感思、所作為有選擇的紀錄，雖不必能反映史事整體或各個部分的所有細節，但可以掌握史實發展的一定脈絡。尤其個人日記一方面透露個人單獨親歷之事，補足歷史原貌的闕漏；一方面個人隨時勢變化呈現出不同的心路歷程，對同一史事發為不同的看法和感受，往往會豐富了歷史內容。

　　中國從宋代以後，開始有更多的讀書人有寫日記的習慣，到近代更是蔚然成風，於是利用日記史料作歷

史研究成了近代史學的一大特色。本來不同的史料，各有不同的性質，日記記述形式不一，有的像流水帳，有的生動引人。日記的共同主要特質是自我（self）與私密（privacy），史家是史事的「局外人」，不只注意史實的追尋，更有興趣瞭解歷史如何被體驗和講述，這時對「局內人」所思、所行的掌握和體會，日記便成了十分關鍵的材料。傾聽歷史的聲音，重要的是能聽到「原音」，而非「變音」，日記應屬原音，故價值高。1970年代，在後現代理論影響下，檢驗史料的潛在偏見，成為時尚。論者以為即使親筆日記、函札，亦不必全屬真實。實者，日記記錄可能有偏差，一來自時代政治與社會的制約和氛圍，有清一代文網太密，使讀書人有口難言，或心中自我約束太過。顏李學派李塨死前日記每月後書寫「小心翼翼，俱以終始」八字，心所謂為危，這樣的日記記錄，難暢所欲言，可以想見。二來自人性的弱點，除了「記主」可能自我「美化拔高」之外，主觀、偏私、急功好利、現實等，有意無心的記述或失實、或迴避，例如「胡適日記」於關鍵時刻，不無避實就虛，語焉不詳之處；「閻錫山日記」滿口禮義道德，使用價值略幾近於零，難免令人失望。三來自旁人過度用心的整理、剪裁、甚至「消音」，如「陳誠日記」、「胡宗南日記」，均不免有斧鑿痕跡，不論立意多麼良善，都會是史學研究上難以彌補的損失。史料之於歷史研究，一如「盡信書不如無書」的話語，對證、勘比是個基本功。或謂使用材料多方查證，有如老吏斷獄、法官斷案，取證求其多，追根究柢求其細，庶幾還原

案貌，以證據下法理註腳，盡力讓歷史真相水落可石出。是故不同史料對同一史事，記述會有異同，同者互證，異者互勘，於是能逼近史實。而勘比、互證之中，以日記比證日記，或以他人日記，證人物所思所行，亦不失為一良法。

從日記的內容、特質看，研究日記的學者鄒振環，曾將日記概分為記事備忘、工作、學術考據、宗教人生、游歷探險、使行、志感抒情、文藝、戰難、科學、家庭婦女、學生、囚亡、外人在華日記等十四種。事實上，多半的日記是複合型的，柳詒徵說：「國史有日歷，私家有日記，一也。日歷詳一國之事，舉其大而略其細；日記則洪纖必包，無定格，而一身、一家、一地、一國之真史具焉，讀之視日歷有味，且有補於史學。」近代人物如胡適、吳宓、顧頡剛的大部頭日記，大約可被歸為「學人日記」，余英時翻閱《顧頡剛日記》後說，藉日記以窺測顧的內心世界，發現其事業心竟在求知慾上，1930年代後，顧更接近的是流轉於學、政、商三界的「社會活動家」，在謹厚恂恂君子後邊，還擁有激盪以至浪漫的情感世界。於是活生生多面向的人，因此呈現出來，日記的作用可見。

晚清民國，相對於昔時，是日記留存、出版較多的時期，這可能與識字率提升、媒體、出版事業發達相關。過去日記的面世，撰著人多半是時代舞台上的要角，他們的言行、舉動，動見觀瞻，當然不容小覷。但，相對的芸芸眾生，識字或不識字的「小人物」們，在正史中往往是無名英雄，甚至於是「失蹤者」，他們

如何參與近代國家的構建，如何共同締造新社會，不應該被埋沒、被忽略。近代中國中西交會、內外戰事頻仍，傳統走向現代，社會矛盾叢生，如何豐富歷史內涵，需要傾聽社會各階層的「原聲」來補足，更寬闊的歷史視野，需要眾人的紀錄來拓展。開放檔案，公布公家、私人資料，這是近代史學界的迫切期待，也是「民國歷史文化學社」大力倡議出版日記叢書的緣由。

# 導言

王文隆
南開大學歷史學院副教授

## 一、吳忠信生平

　　吳忠信（1884-1959），字禮卿，一字守堅，別號恕庵，安徽合肥人。1900 年八國聯軍攻陷北京，光緒帝與慈禧太后西逃，鑑於國難而前往江寧（南京）進入江南將弁學堂，時年僅十七。1905 年夏天畢業後，奉派前往鎮江辦理徵兵，旋受命為陸軍第九鎮第三十五標第三營管帶，開始行伍生涯。隔年經楊卓林介紹，秘密加入同盟會。1911 年武昌起義，全國響應。林述慶光復鎮江，自立為都督，任吳忠信為軍務部部長，後改委為江浙滬聯軍總司令部總執行法官兼兵站總監。

　　1912 年元旦，孫中山就任中華民國臨時大總統，奠都南京，吳忠信任首都警察總監。孫中山辭職後，吳忠信轉至上海《民立報》供職，二次革命討袁時復任首都警察總監，失敗後亡命日本，加入孫中山重建的中華革命黨。並於 1915 年，在陳其美（字英士）帶領下，與蔣中正同往上海法國租界參預討袁戎機，奠下與蔣中正的深厚情誼。1917 年，孫中山南下護法組織軍政府，吳忠信奉召前往擔任作戰科參謀，襄助作戰科主任蔣中正，兩人合作關係益臻緊密。爾後，吳忠信陸續擔任粵軍第二軍總指揮、桂林衛戍司令等職。1922 年，

吳忠信作為孫中山的全權代表之一員，與段祺瑞、張作霖共商三方合作事宜。同年 4 月前往上海時，因腸胃病發作，辭去軍職，卜居蘇州。爾後數年皆以身體不適為辭，在家休養，與好友羅良鑑（字偕子）等人研究諸子百家。

1926 年 7 月，蔣中正就任國民革命軍總司令，誓師北伐，同年 11 月克復南昌後，邀請吳忠信出任總司令部顧問，其後歷任江蘇省政府委員、淞滬警察廳廳長、建設委員會委員、河北編遣委員會主任委員等職。1929 年，因國家需要建設，前往歐美考察十個月。1931 年 2 月奉派為導淮委員會委員，同月監察院成立，又任監察委員。1932 年 3 月受任為安徽省政府主席，次年 5 月辭職獲准後，轉任軍事委員會南昌行營總參議。1935 年 4 月擔任貴州省政府主席，次年 4 月因胃腸病復發加以兩廣事變，呈請辭職，奉調為蒙藏委員會委員長。自此主掌邊政八年，期間曾親赴西藏主持達賴喇嘛坐床、前往蘭州致祭成吉思汗陵，並視察寧夏、青海及新疆等邊疆各地。1944 年 9 月調任新疆省政府主席兼保安司令，對內以綏撫為主，對外應付蘇聯及三區（伊犁、塔城、阿山）革命問題，1946 年 3 月辭任後，任國民政府委員，並當選第一屆國民大會代表。

1948 年 4 月，蔣中正當選行憲後第一任中華民國總統，敦聘吳忠信為總統府資政，復於該年年底委為總統府秘書長。1949 年 1 月 21 日蔣中正引退後，吳忠信堅辭秘書長職務，僅保留資政一職。上海易手之前，吳忠信舉家遷往台灣，被推為中國國民黨中央非常委員會

委員，並任中國銀行董事、中央銀行常務理事。1953
年7月起，擔任中央紀律委員會主任委員。1959年10
月，吳忠信腹瀉不止，誤以為腸胃痼疾發作，未加重
視。不久病情加劇，乃送至榮民總醫院，診療結果為肝
硬化，醫藥罔效，於該年12月16日辭世。

## 二、《吳忠信日記》的史料價值

吳忠信自1926年任國民革命軍總司令部顧問時開
始撰寫日記，至1959年辭世前為止，共有34年的日
記。其中1937、1938年日記存藏於香港，1941年年
底日軍佔領香港時未及攜出而焚毀，因而有兩年闕佚
（1942.3.15《吳忠信日記》）。

《吳忠信日記》部分內容，例如《西藏紀遊》、
《西藏紀要》以及《吳忠信主新日記》曾先後出版，披
露其在1933年經英印入藏辦理達賴喇嘛坐床大典以及
1944年出任新疆省政府主席之過程，其餘日記內容大
多未經公開。現在透過民國歷史文化學社的努力，將該
批日記現存部分，重新打字、校訂出版，以饗學界。這
批日記的出版，足以開拓民國史研究的新視角。

（一）蔣吳情誼

蔣中正與吳忠信的情誼在日記中處處可見。除眾所
周知的託其就近關照蔣緯國及姚冶誠一事外，蔣中正派
任吳忠信為地方首長的背後，也有藉信賴之人，安頓地
方、居間調處的考量。如吳忠信於1935年4月派為貴
州省政府主席，原以江南為實力基礎的南京國民政府，
得以將其力量延伸入西南，在當地推展教育與交通等基

礎建設，並透過吳忠信居間溝通協調南京與桂系關係，
從日記中經常記述與桂系來人談話可見一斑。而陳誠此
時以追剿為名，率中央軍進入貴州，在吳忠信與陳誠兩
人通力合作之下，加強中央對貴州的掌控，為未來抗戰
的後方準備奠立基礎。又如吳忠信於抗戰末期接掌新疆
省務，以中央委派之姿取代盛世才為新疆省政府主席，
一改「新疆王」盛世才當政時的高壓政策，採取懷柔態
度，釋放羈押的漢、維人士，並派員宣撫南疆，圖使新
疆親近中央，這都得是在蔣中正對吳忠信的高度信任
下，才能主導的。當蔣中正於 1949 年 1 月下野，李宗
仁代總統時，吳忠信居間穿梭蔣中正、李宗仁二人之
間，由是可見吳忠信在二人心中的特殊地位。直至蔣中
正於 1950 年 3 月 1 日「復行視事」，每個布局幾乎都
有吳忠信的角色存在。

（二）蒙藏邊政

　　吳忠信長年擔任蒙藏委員會主任委員，關於邊疆問
題的觀點與處置，也是《吳忠信日記》極具參考價值的
部分。吳忠信掌理蒙藏委員會，恰於全面抗戰爆發前至
抗戰末期，在邊政的處置上，期盼蒙、藏、維等邊疆少
數民族能在日敵當前的情況下，親近中央、維持穩定。
針對蒙藏，吳忠信各有安排，如將蒙古族珍視的成吉思
汗陵墓遷移蘭州，以免日敵利用此一象徵的用心。對於
藏政，則透過協助班禪移靈回藏（1937 年）、達賴坐
床大典（1940 年 2 月）等重要活動，維護中央權威，
避免西藏藉英國支持而逐漸脫離中央掌控。1940 年 5
月於拉薩設置蒙藏委員會駐藏辦事處是最成功的宣示，

力採「團結蒙古、安定西藏」的策略，穩定邊陲。吳忠信親身參與、接觸的人面廣泛，對於邊事的觀察與品評，值得讀者深思推敲。

（三）貫穿民國史的觀察

長達 34 年的《吳忠信日記》，貫穿了國民政府自北伐統一、訓政建國、抗日戰爭到國共內戰，以及政府遷台初期的幾個重要階段。透過吳忠信得以貼近觀察各階段的施政重心與處置辦法，以個人史或是生活史的角度，觀察黨政要員在這些動盪之中的處境、心境與動態。更能搭配其他同樣經歷人士的紀錄，相互佐證。

## 三、日記所見的個人特質

日記撰述，能見記主公私生活，從中探知其性格與思維，就日記的內容來分析，或許能得知吳忠信的個人特質。

（一）愛家重情

吳忠信的愛家與重情，有兩個層面，一是對於家族的關懷，一是對於鄉誼、政誼的看重。家人一直都是他的牽絆與記掛，他與正室王惟仁於 1906 年結婚，卻膝下無子。在惟仁的寬宏下，年四十迎娶側室湘君，1926年初得長女馴叔，嘗到為人父的喜悅。爾後湘君又生長子申叔，使得吳家有後，但沒過多久，湘君竟因肺炎撒手人寰，年方二十五，使得吳忠信數日皆傷心欲絕，在日記中曾寫道：「自伊去後，時刻難忘。每一念及，不知所從。」（1932.12.31《吳忠信日記》）爾後吳忠信經常前往湘君墳上流連，一解思念之情。湘君故後，吳

忠信又迎娶麗君（後改名麗安），生了庸叔、光叔兩
子。不過吳忠信與麗安感情不睦，經常爭執，在日記中
多次記下此事的煩擾。吳忠信重視子女教育，抗戰勝利
後，馴叔赴美求學，嫁給同樣赴美、專攻數量經濟學的
林少宮，生下了外孫，讓吳忠信相當高興。1954 年，
或因聽聞林少宮將攜家帶眷離美赴大陸，吳忠信並不贊
成，不斷去函馴叔勸其留在美國，如果一定要離開，也
務必來台。同年 8 月 6 日，吳忠信獲悉馴叔一家已經離
開美國，不知所蹤，從此以後，日記鮮少提到這個疼愛
的女兒。這一年年末在日記的總結寫道：「最煩神是
子女問題，尤其家事真是一言難盡。」表現出心中的
苦悶。

　　吳忠信相當看重安徽同鄉，安徽從政前輩中最敬重
的要屬北京政府國務總理段祺瑞，兩人政治立場並不相
容，但鄉誼仍重。吳忠信自段祺瑞移居上海後，經常從
蘇州前往探望，段祺瑞身故時，也親往弔祭。對於同
鄉後進，無論是在政界或是學界，多所關照，願意接
見、培養或是推介，因此深為鄉里所敬重。如 1939 年
在段祺瑞女婿奚東曙的引介下，會晤出身安徽舒城的孫
立人，在當天的日記中寫道：「〔孫立人〕清華大學畢
業後，赴美國學陸軍，八一三上海抗日之後，身負重
傷，勇敢可佩。此人頭腦清楚，知識豐富，本省後起之
秀。」（1939.9.28《吳忠信日記》）頗為欣賞。或許是
命運的作弄，當 1955 年爆發郭廷亮匪諜案時，吳忠信
恰為九人調查委員會的一員，於公不能不辦，但於私仍
同情孫立人的處境，認為他「一生戎馬，功在黨國，得

此結果，內心之苦痛，可以想見，我亦不願多言，是非
曲直留待歷史批評」。

吳忠信同樣在乎的還有政誼，盡力多方關照共事的
同事。如羅良鑑不僅是他生活的良伴，也是與他同任安
徽省政府委員的至交，兩人都在蘇州購地造園，經常往
來。爾後，吳忠信主政安徽省、貴州省與蒙藏委員會
時，羅良鑑都是他的左右手，離任蒙藏委員會時，更推
薦羅良鑑繼任。1948 年 12 月 21 日，羅良鑑夫婦自上
海前往香港，飛機失事罹難，隔年骨灰歸葬蘇州。吳忠
信在蔣、李兩方居間穿梭繁忙之際，特地回到蘇州參加
喪禮，深為數十年好友之失而悲痛，可看出吳忠信個人
重情、真誠的一面。

（二）做人做事有志氣有宗旨

吳忠信曾經在 1939 年元旦的自勉中，自述「余以
為做人做事，必有志氣，有宗旨，然後盡力以赴，始可
有成。」另亦述及「自入同盟會、中華革命黨而迄于
今，未敢稍逾此旨。至以處人論，則一秉真誠，不事欺
飾，對於人我分際之間，亦嘗三致意焉。」這是他向來
自持的。就與蔣中正的關係而論，自詡亦掌握此一原
則，他在同日又記下：「余與蔣相處，民十五後可分三
個階段，由十六年起至十八春出洋止，以革命黨同志精
神處之；由十九年遊歐美歸國起至二十一年任安徽省主
席以前止，則以朋友方式處之；由安徽主席起以至于
今，則以部屬方式處之。比年服務中樞，余于本身職掌
外，少所建議，于少數交遊外，少所往還，良以分際既
殊，其相處之標準，不可不因之而異也。余在過去十二

年來，因持有上述之宗旨與標準，故對國事，如在滬、在平、在皖、在黔及目前之在蒙藏委員會，均能振刷調整，略有建樹，絲毫未之貽誤；對友人如過去之與蔣，雖交誼深厚，然他人則與之誤會叢生，而余仍能保持此種良好關係，感情日有增進，而毫無芥蒂。……即無論國家之情勢若何，當一本過去，對國竭其忠、對友竭其力，如此而已。概括言之：即「救國」、「助友」兩大方針是也。」

由此可知，在吳忠信待人之原則，必先確認兩人之關係，進而以身分為斷，調整相待之禮。他長時間服務公職，練就出一套為公不私的原則，經常在日記中自記用人、薦人之大公無私，此亦為其「救國」、「助友」之顯現，常以「天理、國法、人情」與來者共勉。

## 四、結語

吳忠信於公歷任軍政要職，於私是家族中的支柱。公私奔忙之餘，園藝之樂，或許才是他的最愛。他常在一手規劃的蘇州庭園裡，親自修剪、壅土，手植的紫藤、楓樹、柳樹、紅梅、白梅等在園中，隨著季節的變化而映放姿彩，園林美景是他內心的慰藉。吳忠信1949 年回蘇州參加羅良鑑夫婦葬禮後，短暫地回到自宅園林，感嘆地寫道：「園中紅梅業已開散，白梅尚在開放，香味怡人。果能時局平定，余能常住此園以養殘年，余願足矣。」（1949.2.21《吳忠信日記》）可惜，這是他最後一次回到蘇州，之後再無重返機會，願與天違。

　　這份與民國史事有補闕作用的《吳忠信日記》並非全出於其個人手筆,部分內容為下屬或親屬經其口述謄寫而成。1940 年,他就提到:「余自入藏以來,身體時常不適,且事務紛繁,日記不時中斷,故託纕蘅兄代記,國書姪代繕。」(1940.1.23《吳忠信日記》)且在記述中,也有於當日日記之末,囑咐某一段落應增添某公文,或是某電文的文字,或可見其在撰述日記之時,便有日後公諸於世的預想。或許是如此,吳忠信在撰寫日記時,不乏為自己的行動辯白,或是對他人、事件之品評有所保留的情況,此或許是利用此份日記時須加以留意的地方。

# 編輯凡例

一、 本社出版吳忠信日記，起自 1926 年，終至 1959 年，共 34 年。其中 1926 年日記為當年簡記，兼錄 1951 年補述版本；1937 年至 1938 年於太平洋戰爭爆發後，其家人逃離香港時焚毀，僅有補述版本。

二、 古字、罕用字、簡字、通同字，在不影響文意下，改以現行字標示。

三、 日記中原留空白部分，以□表示；難以辨識字體，以■表示。編註以【】標示。

四、 吳忠信於書寫時，人名、地名、譯名多有使用同音異字、近音字，恕不一一標註、修改。但有少數人名不屬此類，為當事人改名者，如麗君改名麗安、曾小魯改名曾少魯等情形，特此說明。

# 目錄

# 1942 年（民國 31 年）　59 歲

## 1 月 1 日　星期四

上午九時在國民政府先舉遙拜先總理陵墓，繼續國民政府成立紀念典禮，及黨、政、軍高級人員之團拜。一切儀式與去年同，惟本年元旦，政府注重慰問征人家屬及救濟傷病，其他歡樂及類似之游藝，均分別限制或禁止。

## 1 月 2 日　星期五

湘北大戰，敵以十萬之眾強渡泪羅江後，分路竄擾，現在長沙外圍作戰。敵犯長沙目的有三：（1）予我經濟之打擊；（2）牽制我對外策應作戰；（3）打通粵漢鐵路線，俾由陸上朝鮮鐵路運輸直達香港，以免將來受英、美海上之威脅。吾人鞏固湘省乃當前之急務。

## 1 月 3 日　星期六

叔仁三奶奶患肺病，午後特偕文叔到伊家慰問。見其臥床不起，骨瘦如柴，已至危險階段。馬尼剌于昨日午後為日軍攻陷，美因距離太遠，不及增援，這是美人平時好說大話，疏于準備之故也。馬尼剌為菲律賓群島之軍事、經濟、政治、文化之中心，今既不守，影響太平洋戰事甚巨。

## 1 月 4 日　星期日

午後四時半偕小魯等進城，過小龍坎時，送馴叔回

南開，文叔回銀行。

## 我軍開入緬甸

自太平洋戰事爆發後，我軍先策應香港、九龍英軍作戰，現又開入緬甸（魏菲爾將軍指揮），準備與英軍並肩禦敵。國軍正式出國作戰，此為首次。我軍入甸，將士皆久經戰陣精銳之師，臨戰必殺敵致果，為中國增光。

## 廿六國共同宣言反軸心國

本年元旦晚，（在華府）中、英、美、蘇四國代表先簽字，然後再加入其餘諸國。昨日（三日）發表（廿六國）共同宣言，一致奮鬥戰勝軸心，共同保證使用資源，不單獨停戰或議和。這是世界事件之重大變化，亦是重要歷史文獻，尤以蘇聯參加宣言，足使反侵略國家連鎖完全無缺。若此，則日、蘇開火乃時間問題，甚望蘇聯早下決定，早日發動攻勢，免為敵人對同盟國各個擊破。

## 發表太平洋各戰區統帥

美政府當局正式宣稱，中國蔣委員長已接受中國（包括越南、泰國及將來可為同盟國所控制之區域）戰區同盟軍陸空聯軍總司令，印度英軍總司令魏菲爾將軍受任為西南太平洋戰區同盟軍總司令，勃雷特少將（美空軍總司令）為副司令，播納爾上將（英國遠東軍總司令）為總參謀長，哈特上將（美國亞洲艦隊司令）為聯合艦隊總司令。

## 1月5日　星期一

　　上午九時至國府出席擴大紀念週，總裁致訓辭。先以兼行政院長地位報告民國三十年各部會重要政績，首說余赴西藏辦理達賴坐床典禮，不失主權，為最有表現。余聞之感愧交加。次指示最應注意推行者為實行全國總動員、增強行政三聯制，及注意禁煙與緝私，對于銓敘、計政、地政三端，務須竭力推進，人事制度必須健全確立，而各部會工作尤應注重競賽，至將來大戰後之復員工作，有關機關此時即宜計劃。最後總裁復報告最近外交、軍事情況。晚七時交通部長張公權兄約晚餐，有朱長官一民、白副總參謀長健生、賀主任耀祖等在坐。飯後談邊疆問題，適何總參謀敬之、熊主席天翼亦趕到，均以西藏反覆無常，尤以中印公路西藏拒絕經過藏邊為可恨，主張趁世界大戰之良機，用後方青海之實力對藏用兵，謀根本之解決。余亦深表同情。

## 1月6日　星期二

　　上午九時出席行政院會議，蔣院長親自主席，通過例案多件。遂決議改組河南、山東兩省府，原任主席衛立煌、沈鴻烈另有任用，以李培基、牟中珩繼任豫、魯主席。午十二時至東曙處，午飯後即回鄉。

## 1月7日　星期三

### 長沙大捷

　　敵犯長沙，至再至三，我軍應戰，三戰三捷。此次第三次犯湘北，敵總兵力約六個師團，其進攻長沙者為

第三、第四、第六、第四十等四個師團，皆敵之精銳。
乃經我方將士英勇抵抗，血戰五日夜，並調各路大軍截
其歸路，或由側背夾擊，形成包圍。敵彈盡糧絕，狼狽
奔潰，死傷三萬，遺屍遍野，其失敗之慘，未有如此次
者。當此太平洋大戰爆發僅一個月，敵陷香港，佔馬尼
刺，迫馬來半島之際，我長沙之戰再奏捷音，不特于我
方軍事關係甚大，尤在國際方面亦大增聲威者也。英國
固盛讚我軍戰績，而美國人民自馬尼刺失陷後之沮喪情
緒，精神亦為之一振，且當蔣總裁接受同盟中國戰場最
高統帥之同時，更為各方注意也。

## 1月8日　星期四

　　前西北公路局長宋希尚兄來見，他因該路局事交軍
委會軍法處查辦，託余向總裁說項。此人留學美國，水
利專家，是個書生，以之辦理公路本不相宜。他能詩
文，且好佛，余特送藏佛一尊，留飯後而去。

## 1月9日　星期五

　　美國正在動員，最近尚未有大規模軍事出動。敵
人南進之師攻擊前進之際，如不能堅守馬來，則新加坡
危矣。

## 1月10日　星期六

錄戰國策

　　狡兔死，走狗烹；飛鳥盡，良弓藏。

　　人生最好勿作良弓與走狗，作一平常人可耳。但如

1942 年 1 月

既作良弓與走狗，則當事功未成之前，即須避免樹敵，而成功之後，更須淡然視之，方免眾忌，招無窮之禍。老子有言，功成弗居，此所以全道也，當然即可免禍也。又莊子鳴雁、材木之喻，深可玩味，故作人最于才與不才間，此亦孔子中庸之旨也。

## 1 月 11 日　星期日

午後進城。晚間奚東曙兄來談，我勸他慎言為要。

## 1 月 12 日　星期一

上午九時出席中央紀念週，後接見青海駐渝辦事處長趙佩，談該省政費事。午後訪陳光甫兄，他十分消極，尤不慣此間居住，我多方安慰之。晚七時吳市長約晚餐，有陳芷汀、俞國華等在坐。俞清華畢業，少年英俊。近兩日氣候轉寒，余感傷風。

## 1 月 13 日　星期二

敵佔吉隆坡，英軍正苦戰。又敵在荷屬婆羅洲及西里北斯登陸，這是孤立新加坡，及將對荷印取攻勢。上午九時出席行政院會議，蔣院長主席，十時半散會，即回鄉。因傷風，請侯醫診治。

## 1 月 14 日　星期三

甘甯青區黨政考察團任務完畢回渝，本日經過賴家橋，特約全體團員來本會小息，並約彼等到余家便飯後，親送彼等到永興場乘車。又決定在南溫泉作考察報

告，余擬星期日前往主持及磋商報告方式。再此次考察
甚為圓滿，而各團員身體強健，與夫志同道合，尤為難
得，余為本團團長，則更十分滿意也。彥龍、卓民與彼
等同來。

## 1月15日　星期四
錄左傳語

　　主好要，則百事詳；主好詳，則百事荒。

　　此乃居上位者，但當綜持百端之主要，管其大者、
遠者，則能若網若綱，有條不亂。如若躬親細務，事事
苛求，其結果在積極方面，則部下詳之又詳，每成擾
民，在消極方面，則部下反成諉責懈弛，事無成效。
是以應須握其主要，執簡御繁，斯乃居上者治事之體
要也。

## 1月16日　星期五

　　傷風已過一星期，仍未愈，連日服侯醫生藥方。

## 1月17日　星期六

　　【無記載】

## 1月18日　星期日

　　上午偕昆田、國書、卓民進城，過歌樂山時，約鄭
副團長亦同同行。抵城後即過江，午十二時到南溫泉，
往□□旅館看全體團員後，一同至陳團員其寶家午餐。
餐後開談話會，磋商考察報告方式，推陳團員總編，鄭

副團長總核，限兩星期完成。午後二時乘小舟到小溫泉訪偕子兄，回抵重慶時，已萬家燈火矣。

## 1 月 19 日　星期一

上午九時出席中央紀念週。午後看蔣雨岩兄病，又分訪于院長右任、闞處長懷周及陳光甫兄等。同鄉李運啟兄由江津到渝，特來訪，留晚飯。晚間甘肅教育廳長鄭通和兄來談。

## 1 月 20 日　星期二

上午九時出席行政院會議，蔣院長親自主席。午十二時到光甫兄處午飯，有貝松蓀、奚東曙兄在坐。午後回看李運啟兄，並送零用費。他賦性剛正，廉節可風，為吾鄉不可多得之才，將來關于安徽政治，擬推舉其多負責任。惟久居江津，生活維艱，特函請總裁予以工作，或每月發給生活費。

## 1 月 21 日　星期三

上午九時偕昆田、國書回鄉。晨間早餐，余吃燒餅，國書、小魯吃稀飯，僅一樣小菜。小魯告勤務曰，委員長早餐應備雞蛋，勤務答曰，雞蛋九毛錢一個。迨回家，據惟仁夫人云，申叔久未吃雞蛋，昨晚多方說項，今晨食蒸雞蛋二個，他十分歡喜云云。吾國人在平時食雞蛋等于素菜，是很普遍的，今如此寶貴，其生活之高漲可見矣。今後生活有增無減，乃是必然趨勢，吾人應準備過更艱苦之生活，方可達到抗戰最後之勝利。

## 1月22日　星期四

總裁手令謂駐藏辦事處孔處長慶宗吃食鴉片等事。查孔在本會任事多年，向無嗜好及其他不名譽之件，聞其內部人事不調，及其夫人、公子均有嗜好如此。真是因人受過，為家庭之所累，亦是孔不能約束家庭，有以致之也。

## 1月23日　星期五

張任民兄昨由桂林來電，云得港訊，庸、光兩兒及麗安、兆麟均平安，現移居九龍，設法回內地，聞之十分欣慰。惟電中並云少祐姪兒被匪擄去未釋，殊為可慮。

## 1月24日　星期六

自青海馬主席步芳來渝，青、甘兩省軍政得以調整，更應進一步調整新疆。查新疆關係國防最為重要，如不能掌握新疆，則外蒙固難收復，內蒙亦難保全，而西北各省更告不安矣。可以說保衛新疆不但是國防上之必需，而礦產富繞，罕有其匹，亦國家資源上應當注意者也。回憶清光緒初年，新疆變亂，朝論紛紛，多以年費、軍餉浩大，用兵新疆，頗多異議，有倡議放棄回疆，封賊為王。獨六十五歲老翁左宗棠先生力持不可，願任前趨，不數年勘平回亂，建立行省。倘當時無左先生堅強主張，親身吃苦，則新疆不復我有，左公之功，豈可忘乎。

## 1 月 25 日　星期日

午後三時偕昆田進城，過南開，約馴叔、承錚到沙坪壩晚飯。他們日內將舉行冬季大考，準備課程異常緊張。

## 1 月 26 日　星期一

上午九時出席中央紀念週，戴院長報告院務。老友陳鳴夏兄日前由雲南來渝，因閒居日久，生活困難，余擬向當局為之進言。關于李運啟兄事，日前上書總裁，頃得復，委運啟兄軍委會參議，每月津貼五百元，並一次補助其子女教育費二千元。晚六時半，賀主任耀祖約運啟晚飯，余作陪。運啟將于明日回江津，此來結果圓滿，余亦非常欣慰。余現在城內覓有住屋，在學田灣馬鞍山新七十九號柏莊，電話二三二九，佈置優美，風景亦佳。

## 1 月 27 日　星期二

上午九時出席行政院會議，蔣院長主席。午後回鄉，昆田、劍飛同行。

**太平洋戰事擴大荷印澳洲皆告急**

日軍在婆羅洲馬加撒海峽之荅厘巴板（油礦中心）及新幾內亞之巴布亞登陸，因此荷印與澳洲同時告急。而馬來半島之英軍仍在後退，敵距新加坡僅五十英里。緬甸戰事，英軍亦後退。就太平洋一般形勢觀之，確與同盟國不利。我軍已抵緬甸，即將加入作戰。據合眾社消息，荷、美海空軍在馬加撒海峽擊毀日艦三十艘，

但日本基地多，接濟甚便，以現在同盟國在太平洋之兵力，萬難挽回劣勢，要迅速大大增援，否則敵佔荷印、澳洲，乃時間問題耳。

最令人滿意者，最近中國空軍、美國志願隊在仰光、昆明（打毀敵機一百多架），英空軍在新加坡之勝利，足見盟國空軍已漸趨優勢，尤以滇緬運輸得保安全，厥功最偉。

美國陸軍開抵北愛爾蘭，乃世界戰爭新階段之開始，英倫三島人心大為安定。

## 1月28日　星期三

接見侍從室第三處視察員翁騰環君，他奉命來本會考察人事。午後柏委員雲梯來談，擬約蒙古同志組織宣慰團，赴蒙旗策動偽組織德王等反正。余深表同情。

## 1月29日　星期四

昨日到訓練班訓話，係報告到西北考察之經過，並勉諸生注重禮節。約二小時之久而散。

## 1月30日　星期五

### 蘇日開始精神戰

敵國一般新聞記者，因南進初步勝利，興高彩烈說大東亞共榮圈可用台灣為圓心，畫一個半徑是四千哩的圓圈來確定範圍。同時外務省機關報廣知時報發表向大東亞進軍一文，除澳洲以外，竟把東部西北利亞包括在內。茲就該文而論，所謂蘇日互不侵犯條約，則根本撕

毀矣。一面對德表示夾攻蘇聯，又一面鼓吹北進軍閥之
野心，蘇聯真理報斥其胃口越吃越大，並以德軍攻蘇受
挫之實例警告該報。須知日本北進之野心，非警告可以
遏止者，然兩國精神戰既已開始，實際戰乃時間問題。
惟希望蘇聯早日下手，爭取主動，而同盟軍太平洋戰事
亦要苦撐，以待新局面之降臨。

## 1 月 31 日　星期六

　　上午接見邊疆學校蒙、藏、回、苗四代表，他們對
于教育部科長郭蓮華演講有所不滿。余答曰事已過去，
囑郭將來說話留心，並招待四學生午飯，再送旅費。午
後接見湘省府秘書史次耘君。

## 2月1日　星期日

　　午後三時偕惟仁、申兒、昆田進城。適馴叔放寒暇，特經過南開，接馴一同進城。張文白兄約晚飯，伊大病後赴成都休養，昨始回渝，並談及西北情形，余推重文白負該方責任。英軍馬來半島戰事完全失敗，退守星加坡，緬甸之毛淡棉戰事亦失敗，退守薩爾溫江對岸，同時荷印、澳洲等戰事均吃緊。同盟軍之英、美如不能發揮決死精神及迅速增援，則退出南洋群島，不過時間問題。現在我方增援緬甸軍隊正在途中，于緬南戰事未發動之先，我方擬開大軍入緬增防，當時英方只歡迎三數千人入境，今則求援急如星火，其傳統懷疑與看不起有色人種之心理，實在可恨。

## 2月2日　星期一

　　上午九時出席中央紀念週，後與交通部長張公權兄談中印公路事。因西藏反對，不能測量，北線已延誤一年，茲為迅速完成中印運輸起見，改由滇緬路之臘戌經緬甸北面入印度（在原定計劃南線之南），約二年可以完成。至北線仍應繼續堅持測完，以維中央之威信。張部長曾與英大使交涉經過緬北，大使答云如能放棄北線計劃，則英印政府容易贊成。時至今日，英人大防我經營西藏，真是怪事，英人不敗實無天理。午後看蔣雨岩兄病，現已起床，但行動尚未復元。晚六時，在興業公司設宴招待前加爾格達總領事黃朝琴兄，以謝寶樵、胡光麃、奚東曙、昆田、芋龕作陪。駐華英國大使卡爾調任駐蘇聯大使，蔣委員長夫婦于下午八時在軍委會為卡

爾餞行，余等各院部會長官作陪。蔣委員長致詞，稱譽
英使成就，指為患難良友。大使答詞，相信勝利期近。
至十時半，賓主皆歡而散。

## 2 月 3 日　星期二

　　上午九時出席行政院會議，蔣院長主席。決議四川
省財、建兩廳長改以石體元、胡子昂繼任。又本會委員
張西曼免職，以周昆田繼任，周遺簡任秘書缺，以科長
方家巽升任等案。昆田隨余在貴州省府及本會任秘書有
六、七年之久，前年入藏，去次考察甘、甯、青黨政，
深資得力，贊襄尤多，確為後起之秀，不可多得之才。
至方家巽與余素昧生平，在本會約有十年，由余從科員
升為科長，奉公守法，為本會職員中最標準之人才，茲
升任簡任秘書，亦表示余用人大公無私也。午後二時開
考察團團員會議，磋商考察報告及經費報銷，與一切結
束善後事宜。因甘、甯、青路程遙遠，環境特殊，用費
均較各團獨多，而結果亦較各團圓滿。午後三時半偕惟
仁、馴、申兩兒，及昆田、承錚一同回鄉。

## 2 月 4 日　星期三

　　美國艦隊于二月一日晨，大舉進攻南太平洋日方根
據地馬紹爾群島及吉爾貝特群島，日方猝未及防，頗受
損失。這是美國實行去年十二月七日，日本對美國夏威
夷突擊之答復，亦是盟國反攻之開始。

## 2月5日　星期四

　　英、美宣布貸我巨款，計英五千萬鎊，美五萬萬美元，合我國法幣約一百卅萬萬元。聞我政府擬拿這筆巨款做準備，任人民自由購買英鎊或美元外匯，或發行英、美金公債，以收縮法幣、減少通貨膨脹及穩定物價。這是最好用途，萬萬不可鋪張浪費，蹈過去借款支用不當之覆轍。英、美此次借款，當然是盡同盟國之義務，亦是表示中、英、美切實合作，尤其是打破敵人無條件結束中國戰事之宣傳。

## 2月6日　星期五

### 五十八歲知寒冷

　　自冬至到立春（或雨水）五、六十天，重慶天氣最寒，其他如華北、長江各省亦大都如是。我最近兩年于此期兩次重傷風，今後每于此期，當特別保重。余行年五十八（照陰曆計算）始知寒冷，何幼稚乃爾。由此類推，其過去五十七年做事之錯誤，可想而知矣。夫人已知錯誤，應立即痛改，所謂過則勿憚改是也。倘是因公，而又是普通之錯誤，人家尚可原諒。倘是因私，而又是爭權利之錯誤，人家當然不能原諒，且必招無窮之禍患。

## 2月7日　星期六

### 麗安兆麟庸光兩兒到澳門

　　張任民兄轉麗安澳門來電：「支抵澳，和生先生統率明慧（偌子兄三女公子）夫婦同來，稍待即首途」等

語，披覽之下，非常欣慰。他們日內將由澳門乘輪船至廣州灣，再乘轎至廣西之鬱林改換汽車。查廣西物價、氣候均優于重慶，擬囑其暫住廣西，惟究住柳州抑桂林，或住他處，已電請張任民兄代為酌定。余擬將來赴桂一行。此次麗安等得安然脫險，完全是張紹棠、王季文、吳少祐、伍克家諸兄之關照。尤其是少祐派和生弟之護送，及張任民兄設法打探消息，取得聯絡，更為周到。而惟仁夫人念佛禱告，其收穫之大，有不可思議者也。

## 2 月 8 日　星期日

「千夫所指，不病而死」。這是古語，如多數人不以為然，你還要耀武揚威，毫不覺悟，其結果，即不死于非命，亦必身入囹圄。人苦不自知，往往到最後關頭，尚不知所犯何罪。吾人應研究我國數千年人生哲學自處之道，則進可造福邦家，退可修養心身。

## 2 月 9 日　星期一

上午九時主持本會紀念週，並報告此次到甘、甯、青三省考察黨政，及視察蒙旗之經過。次說總裁手令，卅一度工作之指示（如經費節損、工作考核、人事檢討）應切實遵辦。末說本會會務及各職應注重禮節，尤其要注重個人行為等等。

## 2 月 10 日　星期二

上午十時出席本會常務會議，討論改善蒙古盟旗組

織法等案。十二時散會，留各委員便飯。本會委員、西藏總代表阿汪堅贊日前由藏抵渝，本日午後一時偕羅桑札喜等來鄉晉謁。比即接見，並將中印公路經過藏邊為藏方拒絕情形詳細說明，託阿汪設法疏通，以全中央與西藏之感情。阿汪久居內地，澈底明白雙方內容，如早數月到渝，對藏或不致如此惡化（中央為維持修路威信，對藏將有軍事行動）。阿汪堅贊本是喇嘛出身，曾任西藏第一次駐京代表，漢語非常流暢。早經還俗，娶內地婦人為妻，西藏政府不但不追既往，反而升任札薩（正四品，如滿清道員），這是西藏喇嘛還俗所罕有，現又派為駐京總代表，其重視阿汪可以想見。再查西藏迭次所派代表，均以喇嘛任之，其作用就是宗教，可以與中國取聯絡，認中國是西藏的施主。至政治問題，則一本夜郎自大，獨立自主之夢想，避免與中央接近。這是西藏一貫政策，此次派喇嘛還俗之札薩阿汪堅贊為總代表，亦是稀有之事。

## 2月11日　星期三

　　日軍于八日下午十一時至九日上午一時在新加坡登陸，猛烈進攻，更以飛機、大砲不斷狂轟。英軍後退新洲要塞，危乎其危，且將海軍根據地一切設備與儲藏，業已炸燬。查英人佔該島已百年，其海軍根據地經營十五年之久，花費大宗金錢，毫未發揮，而今付之一炬，自行炸燬，何以悲壯。查敵人是謀定後動，出奇不意，以求速戰速決之目的。而英、美方面，既不明敵情，反而輕視敵人勢力，因此疏于防範，倉卒應戰，其

失敗是不可避免的。敵人最怕延長時間，星洲形勢既已如此，南洋全面戰局益緊，仍要趕快增援緬甸、爪哇，以阻敵人爭取時間。

## 2 月 12 日　星期四

蔣委員長抵印度，與印度商中、印有關問題，並調解英、印間之隔閡，英已允邀印度參加戰時內閣。蔣先生此行正當新加坡之局勢日見危急之時，更使各方所重視，對于整個太平洋戰局前途有重大影響，亦是遠東新時代之開始，亦是歷史上新紀錄。

## 2 月 13 日　星期五

安夢洲君今午來訪（由湘來），特留午飯。他在兩湖監察使署任科長，于民國廿七年在漢口與余見面。

## 2 月 14 日　星期六

今日陰曆大除夕，家家忙過年。我們家祭祖敬神，一如往日，均是惟仁夫人主持。他數十年如一日，我實盛激不盡。方、文、襄、馴、申諸兒姪均在家過年。麗安母子等已于九日由澳門起身，經三埠赴桂，旬日可到梧州，異常歡慰。

**十五年來之大事回想**

我于民國十五冬應蔣先生約赴南昌晤談，十六年起再上舞台，諸承蔣先生優待，萬分感激。于此十五年間，關于公私方面大事甚多，茲將關于公的方面，有值得記載者：

（一）民國十七年，聯桂擁護蔣先生復職，完成北伐，
　　　統一國家。
（二）廿年到廣東勸告廣東當局取消西南政府，蔣先
　　　生臨時下野，稍頃東山再起，國家再統一。
（三）廿四年出任貴州省主席，和緩西南戰事。
（四）廿八年入藏辦理第十四輩達賴轉世事宜，不失
　　　國家主權。
（五）上次到西北，調整青海軍政，減少政府西顧
　　　之憂。

以上五事是我效忠黨國的大事，毫無希望報酬之心。但
自覺體力尚健，經驗甚多，故于廿八年入藏時向蔣先生
很坦白說（自問能力，尚未盡量報效國家，亦未能盡量
幫助總裁），這是我很要負責任之表示。蓋自清光緒卅
二年入同盟會，迄今卅六年之久，多是賣苦力、盡義
務，問心可告無愧。然當此風燭之年，雖有革命向前邁
進之精神，其無機會何？余既無小組，而又不慣阿諛，
有志難伸，何必勉強，只有修養心身，聽諸天命，一俟
抗日戰事結束，退位讓賢，教育子女而已矣。


## 2月15日　星期日

　　昨夜落雪，滿地白色，乃政府遷渝四年餘第一次大
雪，因此氣候轉寒。據老農云，二十餘年未有如此大
雪，而此等寒冷（華氏表卅五度）亦是少有。午後偕昆
田等進城，並送襄叔回校。

## 2 月 16 日　星期一

　　昨日星加坡英軍停止抵抗，遣使向敵方投降。用去五、六千萬英金鎊，歷時十五年建築之軍港與要塞，于一星期內即失敗，真正可惜。英人腐敗，英人取巧，乃有此結果。英人亡人國家不可計算，英人在目前誤人國家亦是很多，現在禍到己身，亦是應有之因果也。緬激戰又起，敵圖強渡薩爾溫江，同時敵人在蘇門答臘油田中心之巨港登陸，如此敵人汽油目的得矣，因此荷印更緊。上午九時出席中央紀念週，本日分別接見吳文藻、伍壽卿、徐君佩、朱仲翔諸君，又吳市長夫婦來拜年。晚六時軍委會外事局副局長汪世銘兄約晚餐，有孫立人、羅郜子諸君在坐。孫現調師長，暫住貴州之興義，將往滇、泰作戰。

## 2 月 17 日　星期二

　　上午九時出席行政院會議（在孔副院長公館）。因蔣院長在印度未回，而孔副院長臥病日久，本可勉強主席開會，因臨時發熱，請何軍政部長代主席。余特往小室看孔，見其精神尚好，不日當可復原。午後與偕子、昆田等回鄉。

## 2 月 18 日　星期三

　　與偕子討論對藏問題，均以有康、青軍隊有良好機會，對藏應極積推動，以先佔昌都據點，然後得設駐藏長官，及玉樹建省之目的。此事祇待領袖決心，余甚願負此責任，但不知西藏內情及國際形勢，持反對論者亦

甚夥。

## 2月19日　星期四

「親威遠來香，鄰居高打牆」。這是惟仁夫人常說
兩句俗話，很有意義。吾人處親威、朋友應親疏適宜，
乃顛覆不破道理，如太過或不及，必生反感。

## 2月20日　星期五

上午十時，纏蔔偕內政部張維翰（號純鷗，雲南
人）、雷殷（號渭南，廣西人）兩次長來訪。留午餐，
順談邊疆情形及余辦事之經過。

## 2月21日　星期六

午後偕佶子、昆田、芋龕進城，過小龍坎，馴叔下
車回南開學校。午後訪何總參謀長敬之，談西藏軍東進
及藏方拒絕中印公路測量隊入境事，為維持威信，應對
藏佈置軍事。更以星洲失陷，萬一印度搖動，敵第五縱
隊入藏活動，勢所難免，對藏更應有所準備。彼此意見
相同，何並主張先佔昌都等軍事據點等等。余順談國防問
題，主張在西南應掌握喜馬拉亞山，在西北應掌握阿爾
泰山，如能將大陸上該兩大據點控制，方可左右亞洲。
計談一點廿分之久。麗安十七日由廣東新昌縣來電云：
「今晚安抵，此即轉肇赴桂。」現既脫險，殊為欣慰，
俟彼等抵桂後，擬暫卜居柳州。

## 2月22日　星期日

上午本會委員、康青考察團團長王應榆兄來談考察康、青經過情形，並亦主張先佔昌都。廣東開平行政督察專員李磊夫兄來電，麗安已抵開平，定十九日派官兵護送至肇轉桂云云。隨即復電道謝。

## 2月23日　星期一

上午九時出席中央紀念週後，分別接見甘肅臨潭回教領袖馬明仁、伊克昭盟馬秉仁等（保安副司令）。午後出席考核委員會所召集甘甯青區、豫陝區全體團員談話會。余報告考察經過與經費之開支，其他團員亦多有報告。至六時半散會。

## 2月24日　星期二

上午九時出席行政院會議。財政當局報告，美國借款五萬萬美元草約，其內容既無擔保，亦無具體條件，完全是政治軍事借款，開中國有史以來借款之先例。這皆我四、五年抗戰之結果，乃亦英、美當前危機有以致之也。午後偕佸子訪陳光甫兄，談三小時之久，十分歡慰。張任民兄昨日由桂林來電云麗安等已到肇慶，日內到梧，自當招待，在適當地點暫住云云。麗安母子等此次得以脫險，全是大家朋友幫忙。

## 2月25日　星期三

上午八時偕昆田回鄉，佸子回南溫泉。

## 2月26日　星期四

日本遠行潛水艦竄擾美國西海岸，在加洲附近開砲多發，這是美洲大陸首次遭敵襲擊。仰光形勢緊急，宣布戒嚴，居民已全部疏散以備，敵渡西湯河包圍該城，以現在形勢，恐難固守。爪哇方面，聞敵以七師兵力，並先佔峇厘及蘇門答臘之巨港，企圖一貫之包圍戰、殲滅戰。但以現在同盟軍之實力與士氣，若無大量空軍迅速增援，則爪哇遲早有放棄之可能，果爾，則印度洋風雲惡化，澳洲亦難固守。

## 2月27日　星期五

申叔教師何玉貞女士已考取會計人員訓練班，即將入學。惟申叔正當寒假後開課之際，短時間恐不易另覓教師。

## 2月28日　星期六

舊金山消息，廿五日晨三時（太平洋時間）發現兩批敵機，但未投彈，此間高射砲開砲。此是美國大陸首次受敵人空軍光臨，此皆是美國孤立派與奸商所造成。查孤立派向來主張門羅主義，閉關自守，反對軍備。至商人則志在賺錢，不顧國家利害，現在日人所用軍器原料，尤以飛機與汽油，十分之七均由美商販賣與日本，而日本以美國武器殺美國人，真是自作自受。

## 3月1日　星期日

昨夜夢天空乘馬，遇大海，忽有一人自空中跳下，浮于海邊水面（水不深）。余乘之馬亦自空中慢慢下降，亦落在海邊水面，馬于初著水時稍飲海水。余覺衣均未濕，只兩足入水，當降下時，略有恐惶，醒時正夜二時。這真是夢想，舊小說天馬行空是主異動、主遠行，大海之水是生財，由天空下降，恐有危險。午後偕馴叔、文叔進城，馴叔至小龍坎下車回校。

## 3月2日　星期一

上午九時出席中央紀念週。王應榆、林兢兩兄來談，留便飯。王、林均到過新疆，熟習邊務。王陸軍出身，曾任廣東民政廳長。林與余在日本政法學校同學，曾任西甯道尹、甘肅民政廳長。本日特與王、林兩君詳細研究西北問題，均主急進。晚六時假白公館宴甘肅臨潭回教領袖馬明仁，以白健生、唐柯三、孫繩武等作陪。飯後與健生暢談過去余與廣西關係及邊疆軍事。荷印戰局緊張，日軍在爪哇數處登陸，兩方海軍曾經大戰，兩方宣傳勝利。以余推測，日本海軍、空軍、陸軍均占優勢，同盟國若無大量增援，則爪哇難挽回劣勢。

## 3月3日　星期二

上午九時出席行政院會議。訪熊天翼兄，他將往美國任中國軍事首席代表。回看馬明仁、郭寄嶠等，午後回鄉。麗安來電話，今晨安抵柳州，當囑其在柳居住。

## 3月4日　星期三

審計部林部長雲陔、次長劉季文夫婦來鄉訪晤，留午飯。林、劉兩兄均是老同志，林曾任廣東省主席，劉曾任南京市長、廣東市長等等。

## 3月5日　星期四

駐爪哇西南太平洋總司令魏菲爾（英人）將軍忽卸去指揮荷印軍事職務，復任印度軍總司令，將荷印軍事指揮責任交與荷蘭。爪哇發現敵軍祗三日，所謂敵前易將是軍家所最忌。爪哇已至最後關頭，危急存亡之時，美國應負從速救援之責，荷印應堅忍抵抗。戰事將延至孟加拉灣，印度感受威脅。敵如佔爪哇、仰光，後將進一步犯澳、狃、印度是意中之事。倘中印八萬萬兩大民族能切實合作，再加以英、美海空軍，則擊敗敵軍亦是意中之事。

## 3月6日　星期五

午後往陳家橋禁煙委員會看曹纕蘅、王葆齋兩兄。他們兩位均是隨余在皖、黔兩省服務，現又同事一方，而王又由曹所保舉者，應當合作。聞彼此因辦事主張不同，發生意見。

## 3月7日　星期六

因襄叔、馴叔醫牙齒，特于午後進城，過南開時接馴叔同行，均住平莊。晚間老同志俞滋厚兄來談，以許汝為兄在港未能脫險為可惜，其最大原因是太太過

多，兒女亦多所牽累。他上午來渝，余勸他稍久住，未
能接受。

## 3月8日　星期日

晨間偕馴叔看陳光甫兄夫婦。因衛俊如應召來渝，
無住所，假住余寓之平莊，余則先轉假光甫兄宅暫住。
衛自抗戰軍興以來，任第一戰區司令長官，迭獲勝利，
為各將領中不可多得之人才。嗣又兼河南省主席，惟
勝則不免于矯，而又初次管理政治，難免外行，因此錯
施失當。于本年一月初旬，經蔣總裁免去其軍政本兼各
職，調任西安軍委會辦公廳主任，這是蔣氏愛護俊如、
教訓俊如。此次奉召前來渝，聞將任命為緬甸派遣軍總
司令（他信為真），衛以責任太重，地方生疏，尚在謙
辭。衛于民國初年（二十歲）隨余革命，繼又隨余轉戰
西南各省，事業基礎均由余培植而成，本身英勇乃成功
唯一之條件。蓋余自民國十一年解甲後，他能獨自奮
鬥，得有今日之地位，余亦有無尚光榮。

## 3月9日　星期一

上午九時出席中央紀念週，蔣總裁報告赴印度之感
想。晚六時在百齡餐廳設席，招待伊克昭盟保安副司令
馬秉仁，以王應榆、林競、俞滋厚等作陪。爪哇荷蘭軍
九萬、英澳軍五千投降日本，現除澳、紐外，英、荷在
南洋屬地完全失敗矣。

## 3月10日　星期二

上午九時出席行政院會議，決議特派馬步青為柴達木區屯墾督辦，此是調整青海辦法之一。正午十二時在光甫家約貝松蓀、徐國懋、胡光麃（叔潛）、奚東曙等便飯。麗安等既已安抵廣西，余擬親往料理，本日特函蔣總裁請假一月，一俟核准即起行。

## 3月11日　星期三

英軍撤守仰光，將使日本在孟加拉灣及印度洋有所活動，尤以仰光是我國抗戰之最後出海口，今既封閉，所有運輸我國供應品，祇可暫由空中運輸。上午偕昆田上街沐浴，很普通浴室，兩人用去十八元之多。又在市面打聽物價，如自來水筆，一枝在抗戰前約值卅元，今則一千五百元；西服一套在平時六、七十元，今則二千元以上；豬肉、菜油約八元一斤。其他日用品無不飛漲，現仍繼長增高，實堪憂慮，負經濟之責者，應極積設法，不可專持理想與空論。晚七時半接見現駐甘肅河西、馬軍長步青部下副師長袁耀庭君，他是馬軍長部下重要人物，各方有不滿河西駐軍者，皆歸罪于袁氏，故中央特調袁來渝入陸大。此人甚聰敏，如加領導，當可效忠黨國。余說明此次發表步青屯墾督辦之經過，並以上次考察河西，因時間匆促，未能與步青深談為歉。

## 3月12日　星期四

麗安來電，張任民來柳州無期，擬十一日晚隨和生先生赴桂林云。本來是託任民在柳覓屋，伊在桂林，大

約因事不克分身。午十二時與光甫約李德鄰、衛立煌便
飯。李、衛兩君談前方將士之苦，實不忍聞。除吃飯
外，菜蔬亦缺，油固難得，鹽亦常斷，而大後方之享
受，殊令前方將士寒心。主張將全國豬油由公家收買，
發兵士與學生，又主張除兵士外，全國一年不准做新
衣。余十分贊成。現在後方人士，男多西服，女多摩
登，一席往往一千元，如再不迅速取締，將不知何以善
其後也。左背因在西北受風寒，痠痛兩月有餘，午後請
補一醫生打針。

## 3 月 13 日　星期五

午後三時到軍委會大禮堂參觀各軍事工廠出品之各
項械彈、器材、軍用物品。在此抗戰期中，以工業落後
之中國，能自造此等軍需物品，實非易事。現當海上國
際路線，除蘇聯全被封鎖，只有力謀自給，不求于人，
仍望軍政部，多多努力，多多出品。

## 3 月 14 日　星期六

惟仁及申兒等在當塗縣稍有田產，自抗日軍興以
來，迄未收租，今由奚東曙兄介紹魯亞鶴兄代為調查，
上午九時特與魯君見面。魯當塗人，北京大學畢業，現
在中央大學教書，因重慶生活高漲，將送老母還鄉。當
由方叔致函管田人侯振平兄與魯君接洽。生活高漲不
止，余用費甚鉅，來日大難，殊增憂慮，最後只有希望
此種薄產而已。訪戴季陶兄，談邊疆問題，意見尚屬相
同，他不免偏于宗教理論，余則以宗教、政治、軍事相

輔而行。如辦理第十四輩達賴轉世，就是以宗教方式、政治運用，得到收回宗主權。余擬赴桂料理麗安等居住問題，請假一月，業經總裁照准，將于廿二日飛桂林。

## 3月15日　星期日

麗安于本月四日由柳州來很長很詳一函，茲摘大要于後：

十二月八日香港起之日，事起倉促，臨時遷住少祐先生家，繼又遷住季文先生姪女家。在此半月，砲攻與轟炸朝夕不停，白天大部時間乃在防空洞生活中，夜晚曾三通夕歇于防空洞。此半月時間，食不知味，寢不解帶，非是人間生活。十二月廿五日，香港英政府無條屈服後，再移胡惠德醫院居住，以避日人及漢奸耳目，偽裝病人，深居三樓。至二月四日，由和生先生護送到澳門，再冒險赴桂。沿途有日軍防區、有淪陷區、有偽軍區、有游擊區、有土匪區，如斯在法紀墮亡地域中行走，聞者當亦怵目驚心也。香港淪陷後情形，一言以蔽之，人間地獄是耳。日兵、漢奸與搶匪三種人到處橫行，搶劫、綁架、勒索、槍殺、姦淫，無日沒有，比比皆是。中國好百姓日在飢寒交迫、飲氣吞聲中，大街小巷隨時有日兵檢查、搶取。拉圾車缺乏，拉圾當街積如小丘，汙水遍地，臭氣迫人，蒼蠅群集，因此不久將有大疫癘流行，可以斷言。居民無不思早離此種地獄世界，一以交通工具不夠，一以領取歸鄉證不易，並且旅費亦難籌措，是以百萬同胞仍是忍飢、忍氣、忍怒、忍辱，權作俎上肉云云。

查此次日人出奇不意襲香港，大家均料想不到。我家本預備隨時遷澳門，以時機倉促，未能如願，推想當時危急情況，殊令人驚心動魄。余事先未能考慮周詳，使他們吃此大虧，問心實有不安。此次平安脫險，深感香港諸友幫忙，尤以少祐、和生昆仲始終負責，使我無限感謝。而兆麟弟隨時隨地不離麗安、庸、光兩兒身旁，關係尤為重大。更應感謝上帝及祖宗之保佑，與夫惟仁夫人念佛之禱告。余存香港廿六年、廿七年日記兩冊，他們于香港淪陷之日即焚毀，未免可惜，亦是不得已措施。這一封原信，要特別保存，永留紀念。

## 3 月 16 日　星期一

上午八時陪西藏總代表阿汪堅贊晉謁國府林主席。午間約阿汪便餐，皓子等作陪。

## 3 月 17 日　星期二

上午九時出席行政院會議，討論班禪轉世事宜。決議照本會所擬辦法，于青、康兩省所覓十五個兒童中，由西藏政府及有德高僧用佛教習慣，選定三人為呼畢納罕（候補人），呈報中央。再由中央查照舊例，派員赴藏舉行掣籤，于三呼畢納罕中掣定一人為班禪。此種掣籤係對藏主權非常重要，應切實施行。午十二時，陳光甫兄請銀行老前輩宋漢章先生午餐，余與貝松蓀等作陪。宋年七十有一歲，現任中國銀行總經理。午後三時偕國書回鄉。

## 3月18日　星期三

上午九時召集本會各處長、秘書，商討一般會務，如派蒙旗協贊人員，及參政會改選等等問題。

## 3月19日　星期四

上午九時主持本會小組各組長會，會議主張開通外蒙運輸路線，如由蘇聯經庫倫運輸，較由新疆可近一半。不過定營以北有沙地一段，較為困難，可以設法補救。當經決定摺呈總裁核辦。

## 3月20日　星期五

現擬廿二日飛桂林，本日處理本會較重案件甚多，如參政會改選，擬定蒙藏候選人，派金卓民為專員專負出納責任，以蔣長春助理之。午後焦易堂兄來訪，他因生活，託我向蔣總裁進言。

## 3月21日　星期六

上午九時偕國書、健飛、小魯進城，過山洞訪邱丙一兄。他新由城都回來，據云鄉間很不平安。得長沙縣長來電，老友蘇宗轍企六兄在長沙鄉間病故，十分悼痛。企六兄與余少年同學，于卅餘年革命過程中非常努力，身負數傷。尤以民國十七年革命軍北伐，日軍在濟南阻我軍北上，殺我外交官及同胞。當時企六兄奉令防守濟南，與敵血戰數日夜，嗣奉令撤退。此乃抗日先鋒，余當呈請政府予以褒揚。除電復長沙縣長及奠儀一千元外，並函佐子兄，託人代為料理善後。晚六時半

訪白健生兄，告以將赴桂林，惟此次係以私事前往，請桂當局勿招待，並與白談及當前經濟之危機。至九時半盡歡而散。

## 3 月 22 日　星期日

本定今晨飛桂，因昨日天氣不佳，印渝班期有誤，影響渝桂今日班期。衛俊如、曹纕蘅等均到機場送行。大約明日可以起飛。晚六時應西藏代表公宴，總代表阿旺堅贊今日上午十一時由昆田陪同晉謁總裁，總裁表示經過西藏地方之中印公路仍須修築，囑告藏政府照辦。現在對藏除使用軍力外，空言無濟于事。麗安等此次在香港，借上海銀行法幣五千元，言明到渝償回渝該行六千元。又少祐先生經手，借該行港幣壹仟元，言明償還國幣五千元，兩共一萬一千元。余在上海該行活期存款九千餘元，定期存款四千餘元，單據交與光甫，他云將此單據代為保存，將來即以此款歸還借款。

## 3 月 23 日　星期一

上午八時到飛機場，十時起飛，十二時半到桂林。黃主席到機場歡迎，因飛機早到未趕上，隨至余寓之環湖酒店。余于廿六年由南京撤退時道經桂林，亦住此店。麗安等均到機場迎接。昨日所記載還麗安等香港上海銀行借款法幣一萬一千元，茲詢明麗安等，只要還六千元，其餘少祐所借香紙一千元（折合法幣五千），應歸少祐償還。

## 3月24日　星期二

　　此間建設，較數年前大有進步。此間自抗戰以來，人口大增，住屋難覓。桂黔鐵路局長侯家源兄（號甦民）來訪，蘇州人。據侯云該路局在宜山現有成房屋，約余等往住，當即電話副局長裴益祥兄來桂面談。白健生夫人來訪，謝叔傑夫婦陪其同來者。偌子兄夫人約余等晚餐。

## 3月25日　星期三

　　晨，黔桂鐵路局裴副局長季浩到桂來會，約定日內赴宜山。午前接見蔡元（號彬倫），他是少祐兄好朋友，此次與麗安等由港同陣脫險來桂。同鄉王亞樵夫人請求救濟，未予晤面，僅接濟國幣貳百元，以盡鄉儀。謝躄民自鄉趕到，偌弟叔傑來訪，及午夜始去。湘君妹妹鳳英來見，並偌其最小妹妹（年十七）同來。余初不知尚有此小妹，當勸伊等要讀書，或學一種職業，尤以保全身體為要，每人送法幣叄百元。余很想幫助他家兄弟姐妹，以無專門學術及從政資格，深感愛莫能助之苦。

## 3月26日　星期四

　　侯、裴兩局長約午餐（居然酒家）。午後廣西新財廳長王遜志（號相民）過訪，旋上海銀行分行經理蔡墨屏等亦來。夜，和生一行啟程經貴陽赴渝。

## 3 月 27 日　星期五

上午到省府拜會黃主席及各廳長、委員，又拜會李主任任潮及李、白兩夫人。晚應謝鶱民兄弟宴，客有王相民、黃政之（現財廳，將交代）、孫仁林、李澤霖等。席散，回環湖。李夫人郭德潔來談，夜十一時始去。

## 3 月 28 日　星期六

擬介紹倪烈士映典世兄倪劍飛為監察委員，特電衛俊如從旁向于院長進言。向桂林上海銀行借國幣柒千元，當即電告國、田等，由重慶歸還該行。此數借款以五千元帶往宜山家用，二千存該行，為回渝旅費。晚，蔡經理墨屏宴，席散即由裴副局長伴送，搭包車離桂駛宜山，大雷雨。

## 3 月 29 日　星期日

晨，車過柳州城站。九時半張任民偕曹女士來會，曹病腿，扶杖行，狀甚憔悴。午後三時車到宜山（慶遠府），侯局長率陳秘書、許課長等迎接。即轉車，行六、七華里至九龍岩黔桂鐵路局辦公處，因有天然大防空洞，所以在此辦公。鐵路局未到之先，此地是一片荒野，今則新建房屋甚多，供職員居住。有電燈、電話、自來水、無線電、醫院、小學校等等新式設備，四面是山，遠近都是峰，風景美不可言，真是世外桃源。余住裴副局長新建之小洋房，既整齊而合用。余自抗戰以來，以此次居住之環境最為合宜，借此修養心身。

## 3月30日　星期一

侯局長請我出席紀念週訓話，我因為私事到此，志在休息，故婉辭之。侯、裴兩局長約余及麗安晚餐，計二席，一席設招待所，約各科長陪余；一席設余住宅，約各科長太太陪麗安，未免太花費、太客氣，只得心感。余之住屋及水電等等，均擬給價，斷不因私假公也。

## 3月31日　星期二

黔桂鐵路局特別黨部籌備委員楊文藩兄來訪，並約余赴宴。余以私事到此，不想交際，尤不願演說。且物價太高，一席動費國幣數百元，黨部經費有限，更不應有此無味宴會，特婉辭焉。

## 4月1日　星期三

上午九時警報，隨入防空洞。據說有敵機數架在柳州一帶偵察。這是余到桂第一次遇警報。

## 4月2日　星期四

庸叔進此間小學校二年級下學期。他算學尚好，常識豐富，認字甚多，平均五十個漢字，其中不認識不過二、三字，其餘寫字、手工、音樂等都不高明。致函于院長，推薦倪劍飛任監察委員。

## 4月3日　星期五

今日是余五十九歲生日，身心均覺安適，公私方面均覺順利，深感上天帶我優厚，不知何以圖報也。陳東原擬任參政員，託余向皖省參議會議長江彤侯予以幫助，當即照辦。

## 4月6日　星期六

敵人由仰光北犯東瓜，其目的在佔領曼德勒（瓦城），截斷中印聯絡，一面乘英印尚未妥協之先，大舉侵印。我軍在東瓜以一師兵力對抗十倍以上之敵軍，苦戰將歷兩週，始轉移陣地。這一戰是百年來，我軍第一次在境外揚威。

## 4月5日　星期日

此間天氣冷熱不定，落雨天冷，日出天熱，大有一雨變成秋模樣。瘧疾蚊甚多，初到此間，應特別注意。

庸叔午後發寒熱，好相是瘧疾。

## 4月6日　星期一

　　黔桂鐵路車務第一段（自宜山至柳州）段長郭光霽來見。郭（號蜀嶠）合肥人，交通大學畢業，係郭寄嶠之胞兄，人尚幹練。英泰晤士報論緬甸戰局英軍作戰有三難：（一）缺乏空軍；（二）交通不便；（三）緬人仇英，而尤以第三項最為棘手，這是多年來英國殖民政策所造成之惡果。

## 4月7日　星期二

　　午後偕麗安、兆麟進城遊覽，並購零物。余于民國廿五年春任貴州主席時，由滬赴港晤胡展堂先生，他是由歐回國，余勸他赴南京與蔣先生合作，未得結果。不久胡在粵病故，此乃余與胡最後之一晤也。余遂經西江，至南甯晤白健生兄，再經宜山城回貴陽。迨民國廿六年冬，南京移都，余與戴院長季陶兄經桂林，過此城赴重慶。此次到此城是第三次，但城垣如故，國事茫茫，余亟願早見昇平。

## 4月8日　星期三

　　我本來主張麗安等在廣西暫住，渡過暑假轟炸再赴重慶，他要即赴重慶，與我意見大左，實在不幸。

## 4月9日　星期四

　　上午廣西省政府委員曾其新來訪，他于民國廿五年

春由港陪余來桂。他當時開辦廣西煤礦，大家均以為希
望甚少，經曾數年之努力，結果圓滿，並建築礦區鐵路
七十餘公里（接湘桂路）。這是廣西在抗戰期中省內較
大之建設，亦曾君最大之成就。

## 4 月 10 日　　星期五

　　日本海軍集中孟加拉灣，並開始轟炸印度大陸，而
英印政治糾紛尚未解決，形勢當然嚴重。上午回看曾其
新兄，他今日離此回礦。午後到郊外散步二小時，遍地
皆是石山，荒地尤多，惟土質過瘦。

## 4 月 11 日　　星期六

　　同盟國之中、英、美、蘇，與軸心國之德、義、
日，其勝負除軍事外，而外交運用尤關重要，如此方面
搖動彼方戰線，則彼方必歸失敗（例如日本能調和德、
蘇，或同盟國能拉攏德國）。至蘇聯自始至終不願打
仗，希望法斯主義與資本主義鬥爭，兩敗俱傷，他坐收
世界革命社會主義成功之目的。

## 4 月 12 日　　星期日

　　午後二時餘偕兆麟、庸叔、光叔，由裴副局長陪
同，憑弔蔣百里先生墓及宋儒黃山谷先生衣冠墓。蔣墓
在宜山城西南郊四、五里，由九龍岩乘汽車五分鐘可達
山麓，撥草而進。先謁軍官學校第四分校死亡官兵墓，
復上數十武，抵蔣墓，行禮致敬。黃墓在宜山城垣西
側，有墓祠，中置黃山谷象碑，自題象贊曰：「似僧有

髮，似俗無塵，作夢中夢，見人外人」，佳絕。祠後衣
冠墓碑曰：「宋黃山谷衣墓。清道光辛巳慶遠郡守宋
慶和勒石」。三時返九龍岩住宅。裴副局長夫人向
住獨山，因麗安到此，特來訪問，並送茶葉甚多，深為
感謝。

## 4月13日　星期一

　　印度大戰將開始，勝負有關亞洲前途。英、日爭奪
印度洋制海權，在距科倫布十英里地方海空戰，英國損
失一萬噸巡洋艦二隻、航空母艦一隻，此于英國實力頗
有影響。

## 4月14日　星期二

記英印談判

　　印度歸英後，其政府乃英倫政府之一派出所，其議
會乃英督之一御用機關，這完全是殖民地的政治制度。
所謂印度憲法，雖在英王欽定下經過幾次改訂，但至今
仍無印人同意或自訂之憲法出現。第一次世界大戰，英
國因需印全力幫助，許印戰後獲得自治。可是一九一九
年英議會所頒布之印度政府法案，全印人完全失望，英
人完全食言。此後印度革命運動風起雲湧，英人以一貫
的軟硬兼施辦法來和緩革命，遂有英印圓桌會議之舉
行，遂有一九三五年印度新政府法案之頒布。

　　至今歐戰發生，印人獨立運動更形高漲，太平洋大
戰爆發，印度瀕于戰爭前夕，其政治問題益形嚴重。代
表印度民族解放運動的國民大會，一再要求兩大條件，

以為協助同盟國作戰之根據。即：一、聲明獨立；二、規訂印度自由新憲法。英戰時內閣即根據印度領袖之要求與批評，草成方案，派克利浦斯特使與印國民大會談判，前後歷十七日，終于未能商得協定，四月十一日宣布談判決裂。雙方爭執之點，主要有二：

（一）國防問題。英方建議在印度于嚴重之時期以內，及新憲法草成之前，印度防禦問題之統制與指導權，應由英國繼續擔負完全之責任，作為英國作戰努力之部分。此點印度各黨大多數反對。據悉雙方在談判初期，原可就印度國防控制權事商得協定，即印度國防由印度籍國防部長及英國總司令分掌，原擬規定國防之調整問題及非屬技術性質之軍事，由印籍國防委員負責，英籍總司令則仍保留其負責軍略及作戰問題之全權。國民大會對于此議並未完全表示滿意，但仍願于作戰期間商得諒解，惟附有條件一則，即軍事運動停止以後，總司令之職權應併由國防委員會負責。英方答復表示總司令職權之完全交印人負責，須俟新印度聯邦成立以後方克實現。此議國民大會方面無意接受。

（二）英方建議將來新印度聯邦擬定印度新憲法，英屬印度內任何一省，倘不擬接受新憲法，應有權保持現下之憲法地位，英國政府準備與不接受新憲法之省份商定另一新憲法。印方認為容許印度境內有無數自治領之組織違反印度統一之原則，假如英國讓各邦自由，各邦有權不參加新印度聯邦，無異分裂印度。此在以統一印度為奮鬥目標之國民大會，自然不能贊成，惟回教聯盟與藩邦（土著、王侯）暗示支持。

## 4月15日　星期三

晚偕麗安等回看裴夫人。

## 4月16日　星期四

桂林上海銀行經理蔡墨屏兄來電，余回渝飛機坐位難定，須請軍委會桂林辦公廳李主任任潮設法，當即去電請李幫助。余原定廿六日由桂飛渝，能否如期，尚難預料。

## 4月17日　星期五

法國進一步向德國屈服，法親德派首領賴伐爾重登舞台，以國務總理兼外交內政大權，法海軍將歸德使用，因此倫敦空氣緊張，美國撤回駐法大使及僑民。同時盛傳英、美將在歐州開新戰場，而軸心又有和平攻勢，就各方情形觀之，國際局勢將有新變化。

## 4月18日　星期六

日本駐蘇大使佐藤想調和德、蘇戰事，被蘇拒絕。今後日、蘇形勢或日趨緊張，這是我們中國最希望的。

## 4月19日　星期日

### 記同盟國空軍首次轟炸日本

大約是美國空軍，不知從何地起飛，于昨午十二時卅分飛臨日本本土，在東京、橫濱、神戶、大坡、名古屋等地投彈，作首次轟炸，亦是日本本土受到首次攻擊。日本對外作戰五年，到今天始嘗到炸彈滋味，未免

過晚。日本侵略，其一貫作風就是以空軍濫施轟炸，殘殺平民，自七七事變以來，我們中國無辜平民，死于日本炸彈之下不知多少，其對我戰時首都的重慶大規模屠殺，往往歷時四、五月。我們中國以準備未周，倉促應戰，對于日本此種慘無人道之舉動，未能立予報復，但每一個中國人，莫不憤怒異常，永矢弗忘。在四個月前，日本掀起太平洋戰爭，仍用詭詐手段，出其不意轟炸星加坡、香港、檀香山（珍珠港），尤以轟炸不設防之馬尼剌為可恥。日本現也嘗到罪惡苦果，這也是日本應得懲罰，更使中國同胞死者安心，生者興奮。美國空軍此舉意義重大，第一，美空軍遠襲日本本土，以顯示日本在太平洋上暫時制空權已日漸沒落；第二，日本自對外作戰，本土尚未受到轟炸，經過這次轟炸，使日本民眾知道現代戰爭的殘酷性，對日本國內民氣影響甚大；第三，日本軍閥一向欺騙其國內民眾，謂日本防禦力如何堅強、如何週密，不會受到外來攻勢，但經過此次轟炸，軍閥紙老虎被戳穿，知道戰爭愈延長，他們的犧牲也將愈大；第四，日本建築物多半是木材，更經不起轟炸，尤其戰場擴大，日本以有限飛機，絕不能控制整個太平洋天空，使他知道不但本土不安全，而且一旦遭到更大轟炸，結果將愈有不堪設想者也。千言萬語，都是日本人自作自受，以轟炸還轟炸之因果報應是也。

## 4 月 20 日　星期一

　　文叔來函（四月九日），叔仁三奶奶于陰曆二月初八日（即三月廿四日）下午五時肺病逝世，遺下幼弱子

女四人。叔仁中年遭此大故，真是不幸，當即電昆田代為勸慰。文叔、申叔先後來函，國書患肋膜炎已十餘日，入中央醫院診治，檢查肺部有水，十三日熱度至一百○三度，據說乃係昔年在蕪湖所患之肋膜炎復發之故。此病非短時間可以痊愈，亦可發生大危險，當即去電，注意診治，勿稍延緩為要。上海銀行蔡經理墨屏來電話，廿六日飛機票有希望。不知是日飛機能否如期，余決廿二日由宜山往桂林等候。

## 4月21日　星期二

裴副局夫婦約余等午飯，當此百物飛漲，未免過于花費，心殊不安。午後六時在鐵路局招待所宴侯局長、裴副局長以及該局課長等，賓主盡歡。

## 4月22日　星期三

午十二時侯局長約便飯。此次到此，承侯、裴局長殷殷招待，十分感謝。麗安等擬暫住此間，稍緩赴渝。余偕兆麟，于本日午後四時廿分，由宜山乘通車赴桂林。侯、裴兩局長及裴夫人，及麗安、庸、光兩兒等，均到車站歡送。七時半到柳州，十時由柳續行。查湘桂、黔桂兩路，係在抗戰時間建築，所有器材均係由淪陷區鐵路拆下的。這真是不易之舉，此種情形，足可表現抗戰精神。

## 4月23日　星期四

上午六時十五分到桂林，蔡墨屏、潘恩霖及孫紹

圍、謝叔傑到車站歡迎，孫代表省府，謝代表綏署。下
車後，孫約食桂林米粉，這是桂林最有名之食品。下榻
樂群社，蔡墨屏兄約午飯。朱汝謙兄新由港脫險到桂，
他在上海銀行任襄理，頗有才幹，他說敵人派大批人員
來內地謀和平攻勢，應注意。

## 4 月 24 日　星期五

黃主席旭初來訪，並于午後五時在樂群社約晚
餐，有海軍宿將薩鎮冰老先生在坐。薩年八十四歲，福
州人。

## 4 月 25 日　星期六

午後約黃主席及黃廳長、孫委員、李參議會議等
等。午餐席設上海銀行，並約該行蔡墨屏、潘恩霖、朱
汝謙、王宗鏊諸先生作陪。席散後，再赴李主任任潮午
宴，在坐有閩浙監察使陳肇英（號雄甫）、七十四軍軍
長王耀武、卅七軍軍長陳沛（號度侯）、第五軍副軍長
劉嘉樹等，王、陳等均係青年後起之秀。午後拜客。晚
間在樂群社，約謝叔傑夫婦及其男女公子，以及季文女
公子申妹晚餐。晚八時陳軍軍長來談，據云前方將士生
活十分困苦。

## 4 月 26 日　星期日

李主任任潮上午七時來談，此次美國飛機轟炸日本
後，有一部飛至我國浙江一帶降落。因事先未得美國通
知，又加天黑落雨，頗有損失，現已收容飛行人員四十

餘人。又李云日人黑木清水以中國華僑章某之名請謁桂林黃主席，見面後自認是日本人，特冒險來桂，請求中日和平，雖犧牲一切在所不惜云云。以一日人而能深入內地，我軍警平日疏于防範，可以想見。黑木之精神，大有德國赫斯乘飛機降落英國求和之氣慨。孫紹圍、李任仁、王象明、徐啟明約午餐，陳沛軍長約晚餐。午後飛機已到，明日起飛。

## 4月27日　星期一

余四時半起身，六時黃主席及蔡經理等到樂群社送行，同陣到飛機場。因待客，至十一時半始起飛，天氣惡劣，頗有顛動。該機只能容十四客，臨時要求乘機太多，增加十人，共廿四人，太不合乎規則，非常危險。

## 4月28日　星期二

光甫兄來談，他認為未來之國際變化莫測，深堪注意。本會王委員芬庭，他將到鄉會居住，擬下星期二同往。吳和生兄今日乘車赴桂林，經過宜山，下車看庸叔等。午後偕芋龕回鄉，經過歌樂山中央醫院看國書病，確係肺病，熱度在一百○三度上下已一月有餘。據醫生云，已至肺病第三期，通常一百分之七十不能醫治。

## 4月29日　星期三

奚東曙兄午後來鄉，他現任中國實業銀行副經理，他說該行人事不臧，影響業務。

## 4 月 30 日　　星期四

### 解決西藏之時機

藏事數十年來未得解決之主因為受外交牽掣。現在英人自顧不暇，印、緬且望我幫忙，遑論西藏，此我解決西藏千載一時之機會也。至在情勢上，緬戰漸緊，敵第五縱隊之活動已深入藏族範圍。如一旦緬事不順，康、青藏族均受掀動，我之後方必受威脅。

## 5月1日　星期五

上午九時主持本會月會，余報告最近國際形勢，並勉勵各同人吃苦耐勞，努力工作。曹纕蘅兄來談，留午飯。我軍放棄臘戍，雲南吃緊，在曼德勒（瓦城）我軍尚在苦戰中。

## 5月2日　星期六

上午到會，接見考核委員會張、蕭兩團員，他們是奉命來本會考核卅年度工作。白巨川偕張允榮來訪，他們都是熟習外蒙情形，主張開通交通，託余向總裁進言，自當照辦。惟此事關係對蘇聯外交，如蘇聯贊成，外蒙自易商量。

## 5月3日　星期日

午後偕芋龕、繼雅等到歌樂山中央醫院看國書病，仍無進步，即熱度退後，非長時間休養不能痊愈，何況熱度未退乎。西康劉主席來談西藏問題，彼此意見相同，不過時間緩急不同耳。武漢大學校長王輔武先生來訪。

## 5月4日　星期一

上午八時出席中央紀念週。致函蔣總裁，約期晉謁報告藏事。

## 5月5日　星期二

上午九時出席行政院會議。據外交當局報告，歐州

德、蘇大戰將于三星期左右爆發，日本對蘇亦將發動云
云。以現在形勢，只要蘇聯能以保持現有戰線，則軸心
必歸失敗。午後五時，汪世銘兄介紹劉多荃兄來會，談
一時之久。劉（號芳波）遼甯人，現任熱河省主席，第
十集團軍副總司令，前奉軍首領張漢卿之舊部。奉軍現
在所存不多，劉部可算是最大部份，劉年力富強，前途
有為。兆麟等來電話，擬偕裴季浩兄來渝，當告以最好
候至霧季後來渝，否則隨裴來亦可，我是毫無成見。總
之麗安既已決定，我亦不願勉強阻止，將來他們到此，
即知遠不如廣西。

## 5 月 6 日　　星期三

　　左背痠痛較前尤甚，清晨進城補一醫生診治，遂打
針，並吃他大付藥一碗。所謂大付者，藥星重，且都是
熱性藥，他要我多吃幾次，又給活絡丸，每服六粒，日
服一次，皆是中國古方。偕偕子兄訪光甫兄，他說在一
年內，中國經濟可無問題，但物價高漲是必然之趨勢。

## 5 月 7 日　　星期四

　　光甫兄約午飯，有張仲仁、貝松蓀及偕子等在坐。
仲仁先生七十有六歲，身體康健，他談袁世愷做皇帝，
令人發笑。曾養甫兄來談，他係督辦滇緬鐵路中央公
路，因緬甸軍事失敗，該路停工，擬改修大理至昌都等
處之公路，特與余磋商對藏方法。

## 5月8日　星期五

我軍放棄臘戍，存在該處物資因搬運不及，多已燬壞，這是抗戰最大損失。現在戰事移滇邊境，自畹町沿公路亂竄。就一般戰局觀之，敵人既已在緬甸勝利，達到隔斷中印聯絡，將來對我必加強封鎖線，縮小包圍圈。益以英、美先擬擊破希特勒，以歐洲為主要戰場，以遠東為次要戰場，因此我們困難更多。午後偕偌子看陳果夫兄，研究國書肺病。陳是多年肺病，對此頗有經驗。

## 5月9日　星期六

西南太平洋海空軍大戰，盟軍勝利，擊潰日艦隊，盟軍收穫重大戰果，澳洲得暫保全。據本日美國海軍部公報，西南太平洋方面，自五月三日以來，珊瑚海上之俾斯麥群島以南一帶海面鏖戰。日方被擊沉之艦隻有航空母艦、重巡洋艦、輕巡洋艦各一艘，驅逐艦兩艘、砲艦四艘，受創者約有各式艦十艘。美國損失詳細情形，刻下尚未明了云云。而日本亦宣傳海戰勝利，自認有小型航母艦一艘被擊沉、飛機卅架被擊毀。就余判斷，雙方均損失，美方較少，日本較多。查日本艦隊之初意在奪佔自美至澳之供應線，使美、澳海空軍無法聯絡。惟日本前在馬加撒、爪哇海面雖受嚴重之打擊，彼最後仍達成戰果。現在很難判斷來日之戰果，要確知雙方實力如何耳。

## 5 月 10 日　星期日

澳總理廣播演說，全世界將于數星期內震動，在是項震動之下，全面戰爭必將展開云云。似是事實，是同盟與軸心大會戰。偹子兄到此旬日，今晨回南溫泉。吳市長夫婦來會。晚間郭寄嶠夫婦來會，郭將赴各處視察各軍事學校。

## 5 月 11 日　星期一

晨紀念週後，在國府謁見總裁。余即首陳，日寇既得意泰、緬，恐將運用藏族擾我後方，故為防止此項危機，並以促進對藏交通計，在青海、西康布置軍事殊為必要。總裁深以為然，並並謂西藏如不施以壓力，亦難望就範，因囑余主其事，可使用青海武力，而以西康輔之。次余報告英人擬假道西藏運軍火來渝，藏當局拒絕，及青海騎兵第五軍調動情形，並將孔處長建議入緬華軍必要時可撤至不丹、錫金一節提出報告，以供參考。

## 5 月 12 日　星期二

昨訪國防最高會議王秘書長亮籌，討論第三屆蒙藏參政員候選人問題。昨晚七時軍委會外事局副局長汪世銘約晚餐，有劉多荃、奚東曙等在坐。皖教廳萬廳長電懇代請恢復安徽大學，經與許靜仁、張文白兩先生切託陳部長設法。午後偕王芬庭及昆田等回鄉。

## 5月13日　星期三

　　老友王季文兄此次在港，初為匪擄，身受重傷，所有經營損失一空，家人流離失所，現在移住澳門，身體、精神、物資均不易恢復。余迭次去電安慰，茲得最近由桂林轉來上月卅電如下：

　　承念，甚感。弟生死已置度外，近日血壓忽高忽低，再高則血管破，再低則心臟停，均屬可慮，或成永訣，則有負卅年老友遠念云云。

　　閱此電，深為痛心，然無法援助，其將奈何。


## 5月14日　星期四

　　此次在城與侘子老友暢談一通，都是健身濟世之大道。伊特集對聯一付相贈，確是一付良藥，是我所必需，應書作坐右銘，應該一一做到，何況聯中「盡責任」、「順自然」二語是我素來之主張乎。茲將對聯及說明書于後：

　　眼垂簾，心在田，慎寒暑，節飲食；

　　民同胞，物吾與，盡責任，順自然。

不善讀書者，閱盡千萬卷，于自已毫無益處；善讀書者，領會兩三句，終身受用不盡。此聯集成語，寥寥數句，而修養之要訣、治平之大道，悉備於是。學者倘能朝夕默誦而服膺之，勝于泛覽群書而不得要領者多多矣。


## 5月15日　星期五

　　決定第三屆參政員蒙藏候選人名單。遵照中央意

旨，將上屆參政員一律作為候選人。但上屆（即二屆）
參政員召集甫一年，而此屆參政員又主張多維持舊有
者，何不延長一期，而多此一舉乎。

## 5 月 16 日　　星期六

　　敵佔我滇邊龍陵縣，近復佔騰衝縣，此兩縣是雲南
對緬甸之軍事第一線之要地。現在敵我隔怒江對持中，
甚希望我軍能阻止敵人渡江，同時能與我在緬甸之機械
化部隊取得聯絡，夾擊敵人。目前雲南形勢較為緊張，
亦是滇緬國際交通被截斷後應有之現象。要知今後戰事
前途如何，須看國際大戰之變化，及美國飛機助我作
戰，與夫飛機運輸物資接濟之力量為定耳。

## 5 月 17 日　　星期日

　　午後三時進城。過歌樂山，至中央醫院看國書病，
熱度漸低，進步甚速，不過盜汗甚多，尚待診治，仍須
注意反覆，仍須長期修養。又過山洞，看居覺生先生，
他大公子伯祥在陝西病故，特加勸慰。又過小龍坎，至
南開中學看馴叔。近因物價高漲，學校伙食差，一般學
生身體多不強健。昨夜大風暴雨，房坍樹倒甚多，余宅
平安。然于秋收大有把握，誠抗戰中一大幸事。

## 5 月 18 日　　星期一

　　上午八時出席中央紀念，後訪戴季陶兄談邊疆問
題。余主張為適應環境計，在邊疆各地，應以政教領袖
（王公、活佛）為對象，在中央希望各當局明了邊地實

情，希望邊疆同胞各安本分，若然，則邊事不難就緒云
云。戴深以為然。戴夫人新由上海來渝，身著僧服，吃
素念佛，其身體與態度均較前大有進步。午後三時接見
騎兵第五軍副師長袁耀庭君，據云馬軍長步青決定服從
命令，將駐河西部隊調往青海。余昨年西北之行至此圓
滿完成，心甚快慰，今後中央如能善于應付，則馬氏昆
仲必為中央效命也。裴季浩兄來電，麗安等將于二十日
到渝。

## 5月19日　星期二

　　上午九時出席行政院會議。據軍事當局報告，敵人
近在浙江方面集中三師以上兵力，分數路進犯金華，其
目的在佔我金、衢大飛機場（以防美國利用轟炸日本）
及打通浙贛鐵路線，我已調大軍迎擊。至雲南西部軍
事，我軍現守保山一帶，地勢優良，惟對社會安慰計，
擬渡怒江反攻龍陵、騰衝云云。這一個月內，是世界作
戰最大關係之一月，就是德、蘇各以二、三百師兵力正
在緒戰，不久將發生主力決戰，其勝敗影響世界，可想
而知。我們滇西、浙江兩方軍事亦是很關重要，不可等
閒視之。午後訪光甫兄。

## 5月20日　星期三

　　上午十時昆田過江至南岸接麗安等。晚九時回來，
麗等未到。

## 5 月 21 日　星期四

　　麗安偕庸、光兩兒及張奶媽,與裴副局長、孫科長
等,乘裴自備車,于午後四時半平安到渝。諸承裴君幫
忙,十分感激。兆麟因照料行李,尚須稍緩到渝。現在
各方均覺物價高漲,公務人員更覺維難,因此人心不
安。如無調濟辦法,雖官至特任,亦無法維持。

## 5 月 22 日　星期五

　　裴季浩兄偕交通部橋梁設計處處長茅以昇(號唐
臣)來見。以昇父春台是余盟友第九鎮司令部老同事,
以昇兄弟均是留學外國,各有專長,真是難得,老友春
台于九泉之下,其欣慰可知。又接見騎兵第八師師長馬
彪(號炳臣)。青海馬主席面請總裁,將馬調任軍事參
謀院參議,改任馬步康為師長。

## 5 月 23 日　星期六

　　老友陳鳴夏兄安徽人,與余在清朝第九鎮老同事。
伊一生戎馬,艱苦備嘗,其出生入生入死不知幾多次。
現年過花甲,夫人年事尚輕(四十一歲),有四女無
男,且女有待嫁、有尚幼。當此大局動蕩,四顧茫茫之
際,進退深感維谷,特向余表示,到無路可走之時,只
有全家自殺之一法。這是軍人最悲慘之末路,聞之令人
無限感慨,經多方安慰,並聲明一定為之後援。伊到渝
已四個月,余向當局進言,發表軍事參議院參議,近又
向振濟委員會推薦,亦可予以名義,倘物價不再高漲,
可以免強維持目前生活。伊眷屬現在雲南,即日前往遷

移。余兩次接濟法幣二千元，此亦不過表示微誠而已。

## 5月24日　星期日

晚六時請裴季浩、茅唐臣晚餐，並約奚東曙等作陪。曹纕蘅兄因在禁煙委員會與同事辦事意見不合，擬請暇回城都故里一行，本日午後來談約二小時之久，擬明晨乘車赴蓉。

## 5月25日　星期一

上午八時出席中央紀念週。浙東敵分路竄犯，其後續部隊不斷增加，現在金華東北激戰，敵機輪番轟炸城郊，形勢緊張，其先頭部隊已為我軍擊退。

## 5月26日　星期二

上午九時出席行政院會議，決議張彭春調使利智，鄒尚友（原任亞西司司長）出使土國。午十二時許公武兄宴新疆盛主席五令弟及新疆代表張元夫兄，約余及張厲生、甘乃光諸人作陪。聞盛主席本擬親來晉謁當局，因病未果，特派胞弟代表來京，如此新疆與中央更為接近。下午一時又應貝松蓀兄之午餐（在光甫兄住宅）。貝是中國銀行主要當事者，甚有才幹，與余暢談該行業務情形，並擬在拉薩開支行，託余電詢孔處長意見。

## 5月27日　星期三

上午八時偕麗安、庸叔、光叔回鄉，過歌樂山看國書病，較前有進步。抵家時晤惟仁夫人，皆大歡喜，全

家團聚。兆麟押運麗安行李，于昨日安抵重慶。

## 5 月 28 日　星期四

到會接見王、誠諸委員。

## 5 月 29 日　星期五

### 記訓練班畢業

本會政治訓練班第四期學生，三年期滿，于今日上午九時舉行畢業典禮。余八時半前往，典禮準時開始，到本會王應楡、誠允，及各處室同事暨本班教職員，場上鄉長亦來參加。由倪健飛主席，於發給文憑後，由余訓話。要點為：（一）對學生致賀，並對教職員之辛苦致謝；（二）希望學生分發到各機關、各地方工作，盡忠職責，為本會爭光榮；（三）人生階段為讀書與做事，將來雖屬做事，仍須讀書；（四）做事之要件，須認識環境、認識自己；（五）對人須謙虛，對己須反省，對事須秘密、確實、迅速、忍耐；（六）最後祝各同學身體健康，前途無量。訓話畢，由王、誠兩委員及楚處長、王增善先生等演說，繼學生答詞，攝影禮成。

## 5 月 30 日　星期六

本日分批召見政訓班畢業學生，預就家世、志願、時事、思想、能力各方面擬定問題二十餘，隨便選問。晨八時開始，迄十時許；下午二時開始，迄三時許，完全會畢。全班畢業生共四十七人，已有六人回籍，今日所見者四十一人耳。在四十一人中，雖有少數體弱或

略帶疵瑕之處，但大體均屬優秀有為之青年，殊可慶
幸也。

## 5月31日　星期日

　　午後偕昆田進城，並送襄叔、馴叔回校。我軍退出
金華，其主力將在衢縣一帶與敵決戰。同時敵在南昌部
隊向東活動，擬取東西呼應。此一戰勝負直接影響東南
各省，而間接于大後方之四川，亦有影響也。

## 6月1日　星期一

上午八時出席中央紀念週，司法行政部部長謝冠生報告卅年度司法之經過。接見青海省政府顧問馬佐漢（號□□），他奉馬主席之命赴西藏代表，最近經印度到渝。據云過去確有日人在西藏活動，倘日人勢力到達印度，西藏必變態度，且西藏軍隊已陸續東開，中央應早為準備云云。情形如此，其如不明白藏情何。午後三時，許汝為兄三女公子偕其夫盧逢清君來見。他們二人接婚係余證婚的，盧現在中國銀行服務，許女公子（名錫潛）于香港未失陷前兩星期到渝。據云汝為兄在港相當痛苦，終日飲酒，行動不能自由。

## 6月2日　星期二

上午九時出席行政院會議。據外交當局報告，蘇聯促英、美在歐州速開第二戰場。又據孔兼財政部長報告，今年稅收增加、財政穩固，而四川年歲之豐收，亦為數年來所未有。就孔判斷，再有一年戰事可以結束云。午後偕昆田、小魯、兆麟回鄉。

## 6月3日　星期三

招待本會誠委員允（號執中）、王委員應榆午飯，寶卿、叔仁、昆田、少魯、兆麟等作陪。誠東北人，曾任吉林省長，性情和平而篤實。

## 6月4日　星期四

上午八時召集本會各小組組長會議，各組均能按期

開會，尤其注重衛生與合作社等等公共生活事宜。余並
順便報告國內外軍事、政治，及暑假後將永興場本會請
辦之小學加以改進，使各職工子弟讀書得以上進。

## 6月5日　星期五

浙江戰事今已進入新階段。自金華陷落後，其由各
方麕集于衢縣附近之敵，于二日晨分三路向我猛犯，同
時敵機數十架在上空助戰，我嚴陣以待之，各路之野戰
軍向敵猛烈還擊，大戰于是展開。以地勢于我有利，而
民眾又揭竿而起，其勝利當屬于我。

## 6月6日　星期六

羅斯福總統警告，日本如仍在華使用毒氣，美將予
以嚴厲報復。就世界戰爭趨勢，最後必使毒氣，亦是人
類最後之悲慘。道叔姪來函，于五月十九日七時零三分
鐘（即陰曆四月初五日，未說是上午下午），積芳姪
媳產生男孩，請余命名。伊長女由余命名振家，此孩命
名振邦，惟今後孫兒必多，更以振字班輩預擬數字，除
已用家、邦二字外，再加六字，即「家邦鼎盛、基業中
興」。甚望道叔多生兒女，以備承嗣天幹、敬叔兩房。
現在軍隊生活困難，道叔因生兒，更感不足，特匯千元
接濟。

## 6月7日　星期日

午後偕昆田、劍飛進城。過歌樂山看國書病，現熱
度已低，已過危險時期，惟須長期休養，方可痊愈，

擬出院回家調治。但肺既受傷，不易復原，乃一生之
大不幸。

## 6 月 8 日　星期一

上午八時出席中央紀念週。接見西藏總代表阿汪堅
贊，談築路事，他主張先修康青公路，暗中表示緩修西
藏路。午後屈文六先生來訪，暢談佛教，對于各宗均有
研究，尤贊揚紅教。余覺紅教過于偏急，未可贊同。胡
叔潛兄想當參政員，託余介紹，當即照辦。

### 太平洋美日大戰

日本飛機于本月三日襲擊北太平洋阿留申群島荷蘭
港，繼之以海、空軍猛攻中途島，鏖戰四日，結果日軍
敗退。據美國宣布，敵損失軍艦十餘艘（內有航空母艦
二艘或三艘被擊沉）、飛機數百架，珍珠港之仇已得
部分報復云云。而日本亦自認中途島之失利，航空母艦
一艘被擊沉，美國航空母艦亦有二艘被擊沉云。此次美
國能擊退日本海、空軍中途島之攻勢，足見美國力量增
強，日本在太平洋上主動地位漸逝。惟現在戰事重心移
至北太平洋，荷蘭港、阿留申一帶發生海戰。據日本宣
布，已佔阿留申島上陣地多處，假使美國在該方面無強
大海空戍守，難免萬一之失敗。北太平洋這一戰，得失
關係甚大，是同盟成敗、日本生死關頭，同盟失之，則
勝利較難；日本失之，則三島粉碎不可忽視也。近代海
軍作戰，空軍居主要地位，如海軍在離陸上空軍基地以
外作戰，很少把握，此次中途島之役，日本之失利即其
一例。再就美、日戰略言，倘日本在開戰第一聲，若以

海、陸空軍主力出其不意攻佔夏威夷群島，美國必手忙
腳亂，無暇準備，則日本早已控制太平洋矣，今者時機
已過，不易為矣。吾人現在靜候北平洋好消息。

## 6月9日　星期二

上午九時出席行政院會議。據軍事報告，敵佔衢縣
城，我主力安全退出，未與決戰，敵雖佔此城，又撲一
空云。話雖如此，而衢縣大飛機場已為敵有，倘進一步
打通浙贛鐵路線，則湘、粵受威脅。晚七時在百齡餐廳
招待青海馬顧問佐漢、馬師長彪晚餐，並以副委員長等
作陪。

### 記出席軍委會談話會

本日（九日）午後五時出席軍委會談話會，研討加
強控制西藏問題，到何敬之、程頌雲、白健生、賀貴
嚴、商啟予、劉維章諸氏，及軍令部主辦邊務人員。由
敬之先生主席，首報告開會意義，次由到會諸氏相繼發
表意見。余就處理藏事提出報告，對藏辦法，不外用宗
教的方式、政治的運用，及軍事的後盾三者。過去係用
前兩項的辦法，現已失效，應採用第三項以軍事為後盾
的辦法云云。大家對于佈置軍事一項亦極贊同，均集中
于使用青、康部隊，及在緬、印之第五軍與孫立人部
隊，最後決定原則數項（由軍令部整理印發），於七時
散會。

## 6月10日　星期三

接見安徽教育廳主任秘書胡蘇民（六安人）、省黨

部委員王述曾、翟純（翟號粹廷，皖人）。胡等是來渝受訓，今日特來談安徽大學及教育經費等問題。蓋促進安徽教育是余素來之志願，自應竭力贊助，以期有成。

## 6 月 11 日　星期四

午後奚東曙兄來談，他自以現在地位及家世，及海內外同學與夫社會等等，均有勢力，深為滿意。余以為滿招損、謙受益，特告以凡有力量者，最好不要露出，甚至自己都不感覺有力量，方免人嫉，否則必定不知不覺流于矯慢，必闖禍患。又告東曙，說話要當心，做事要小心，因他交遊太廣，恐有錯誤，又因彼此感情甚深，故很不客氣予以忠告也。

## 6 月 12 日　星期五

午十二時徐國懋、胡光麃、奚東曙約午餐，有陳光甫、貝松蓀、戴子木、趙漢生、劉攻芸等在坐。

## 6 月 13 日　星期六

午十二時，招待拉薩木隆寺募捐格西土登泥媽午飯，以許公武、胡蘇民、翟粹廷、王述曾等作陪。

### 記英蘇新約

五月廿六日，英外相艾登與蘇外交委員長莫洛托夫簽署英蘇協定。其內容最重要者，不單獨講和，及彼此不干涉內政、不擴張領土，該約繼續有效期二十年等等。俟莫洛托夫聘問美國，于六月十一日，英、美同時宣布「英、美、蘇今年在歐洲開闢第二戰場，及加速運

輸供應品赴蘇兩項工作，已獲完全諒解」。這是莫洛托夫此次英、美之行重大成功，亦是世界大戰形勢之轉變，而英蘇協定以廿年為期，更屬少有之舉。

## 6月14日　星期日

今天是「聯合國日」。查六月十四日本是美國國旗日，自美國大陸會議議定國旗以來，已有一百六十五年歷史，美國人士年年此日慶祝他的國旗日。羅斯福總統特別宣布，今年此日不獨慶祝的美國，並應慶祝所有廿七個同盟國的國旗。我國決定今日天為聯合國日，通告全國，今天一致懸掛廿七個同盟國家的國旗，舉行隆重儀式，故于今天上午渝市開市民大會。午後四時，至六日外交部開茶會，招待中外來賓三百餘人，蔣兼外長偕夫人親自出席。晚七時各文化團體假嘉陵賓館舉行慶祝晚餐會，到各界數百人，各聯合國駐渝代表使節廣播演講，並有音樂、電影助興。余于兩次盛會均參加，直至夜十時半始歸就寢。

## 6月15日　星期一

上午八時出席中央紀念週，後白副總參謀長健生約臨時談話。據云奉命即日飛西北，此行任務：

（1）擬與甯夏馬主席少雲洽商，中央擬在中衛一帶駐一個集團軍（約六師），並擬在定遠營駐騎兵一師，希望少雲勿誤會。

（2）與青海馬主席子香洽商增兵玉樹，防西藏有所異動，中央並擬補充子香山砲及自動火器等等，託

余電告子香。

又擬約本會王委員應榆同往，遂即電王由鄉來渝。午後接見焦寶齋、許君遠兩君。焦河北人，留英學生，現任遠征軍第一路長官部外交組組長。許亦是河北人，現任中央日報社副總編輯。焦、許均是知識份子。

### 6 月 16 日　星期二

上午九時出席行政院會議。午後偕芋龕、昆田、小魯至歌樂山看國書病，較前更有進步，一俟鄉間房屋準備妥當，即行出院。現在熱度未退清，通常在三十七二至卅八度多，據醫生云，須安心調養數月，方可痊愈。

### 6 月 17 日　星期三

俞子厚兄來談許汝為兄近況，聞已由港回滬。許向人表示無論如何不降敵。

### 6 月 18 日　星期四

申叔今午發熱度至一百〇三度，當即請侯醫診治，大概是傷風。

### 6 月 19 日　星期五

申叔熱度仍未退，仍請侯醫診治。

### 6 月 20 日　星期六

申叔熱度稍退，再請侯醫診治，據云是惡性重傷風，日內即可痊愈。惟仁兩夜未安眠，十分辛苦。北非

洲戰事英軍失敗，關係相當重要，埃及危急。日本既佔
北太平洋阿留申群島最西面數小島，隔斷美、蘇聯絡，
一面保衛日本，又一面威脅蘇俄，同盟軍應速反攻該數
小島。

## 6月21日　星期日

　　午十二時裴益祥兄來鄉，午飯後一同進城。過小龍
坎，至南看馴叔，該校下月初大考後，即放暑暇。

## 6月22日　星期一

　　上午八時出席中央紀念週。何總參謀長報告軍事，
略謂敵人在浙江方面用七個師、三個旅，分路進犯，這
是抗戰五年來，每次會戰中，敵人第一次使用最大之
兵力。我軍主力本擬在衢縣與之決戰，嗣以敵兵力過
大，雖犧牲後，衢縣仍難固守，故臨時決定保全實力，
放棄衢縣，移陣地于敵之側後方，反使敵進退皆有所顧
慮云云。這個戰略切合時宜，尤為高明，如此方能長期
抵抗。西藏木龍寺募捐代表格西土登泥媽今日午後病
故，據醫云是傷寒症，其最大原因是受此間酷熱氣候之
影響。

## 6月23日　星期二

　　上午八時半訪陳光甫兄。九時出席行政院會議，
討論卅二年預算。據孔兼財政部長報告，本年預算係
一百七十萬萬元，及臨時追加，已過二百萬萬元，明年
似非三百萬萬不能應付，若此，經濟必破產，深堪憂慮

云云。結果交各部會研究。午後二時偕昆田等回鄉。

## 6月24日　星期三

　　最近兩週同盟國軍事均是劣勢，如英國在北非之大敗，失去多布羅克之重鎮，因此戰事延至埃及邊境；如美國在北太洋海戰，結果失去阿留申西部數島嶼；如蘇聯在卡爾科夫之前線之後退；又如我國放棄浙江之金、衢及贛東之上饒等處。倘同盟國不能于短時間打一、兩次勝仗，軸心國必定有更新、更大之發展。就余判斷，埃及危急，德蘇戰事加緊，日本或向蘇發動攻勢，均在意料之中。

## 6月25日　星期四

**經濟之危機**

　　欠計劃、無限制發行法幣過多，以致物價有增無減，生活日益維艱。現在法幣一千元，與戰前相比較，僅值二、三十元。在抗戰五年之今日，物價雖高至如此，而我們仍有食有穿，更可證明非食物之缺乏，乃人事之未盡耳，即以歐戰物資缺乏之國家而論，無一國如我國經濟之紊亂。蓋自抗戰以來，軍人確已盡責，而經濟確未辦好，負經濟之責者，應速設法補救。惟推測將來法幣將有緊縮之趨勢，屆時生活之困苦，更可預想者也。

## 6月26日　星期五

　　研究外蒙哲布尊丹巴呼圖克圖轉世問題。查哲佛乃

前外蒙古唯一無二之活佛，清朝特別崇高其地位。迨外
蒙革命後，對該活佛尚取懷柔態度，俟該活佛圓寂後，
外蒙政府即不准其再轉世，並將外蒙寺廟一律充公，喇
嘛勒令還俗，有德活佛、喇嘛多被殺害，佛教在外蒙乃
告肅清。現在日人及蒙古偽組織密派活佛、喇嘛人等前
往西藏辦理哲佛轉世，以便號召外蒙，但吾人為對付敵
偽起見，應加以考慮與研究，所應注意者，蘇聯及外蒙
政府之誤會也。

## 6月27日　星期六

連日陰雨，又加飲食不慎，身體頗為不適。去年冬
在西北受寒，左背酸痛，迄今未愈，近日酸痛更甚。光
叔近日亦發熱，大概是飲食過度之過。國書肺病雖過危
險，但仍須靜養數月，如再反復，則不易診治。今日由
歌樂山中央醫院移回鄉會。

## 6月28日　星期日

午後偕昆田、芋龕等進城。

## 6月29日　星期一

上午八時出席中央紀念週。午後一時陳光甫兄約午
飯，有貝松蓀兄在坐，並與貝商談派員赴拉薩開設中
國銀行支店事，已得孔處長來電，可以先派員前往拉薩
視察。

## 6 月 30 日　星期二

　　馬超俊兄太夫人在籍病故，今晨在渝開追弔會，余
上午八時半親往致祭。馬母享年九十七歲，超俊兄是革
命老同志，曾任南京市長，其子亦已成人，馬老母可謂
福壽全歸矣。上午九時出席行政院會議，討論行政分
層負責，並施行幕僚長制一案。該案係蔣總裁命令最高
國防會擬定統令中央黨政各機關的主席，孔副院長以此
制不適宜于現在行政，應緩實行，雖是總裁命令，但吾
人仍可陳述意見，不一定要遵辦的，且總裁有許多事
件，雖下命令而尚不知之者。陳秘書長云，其他各院均
已實行，本院即應實行，而總裁及國防最高會議交辦之
案，更應服從。陳秘書長一時情急，手拍會議長棹，云
如此只有辭行政院秘書長。孔主席繼起謂，在行政院任
部長、院長、副院長，先後已十五年，未見有如此失態
者，以後院會果再有如此行為，只有請政府免余之職云
云。一時空氣緊張，鬧得非常的僵，這是行政院會議從
來未有的笑話，亦是行政院之不幸。就我平心而論，
孔、陳各有理由，惟此種大案不能慎之于始，故有此不
良之結果也。後來經張、徐兩部長調解，言歸于好。午
後四時，中央召集第三屆參政員資格審查會，余出席報
告蒙藏參政員侯選人，並決定當選者。均是遵照中央意
旨，留前屆舊有參政府員。午後五時半偕昆田等回鄉。
近日數日天氣較熱，余一星期來，身體頗為不適。余素
來不畏熱，近兩年非常畏熱，此皆年齡漸衰，抵抗力不
足之故也。

## 7月1日　星期三

上午九時出席本會七月初一日之月會，並訓話。大意謂抗戰五週年之七月七日將至，吾人應檢討本會及個人過去之得失。尤應明白國府成立以來，本會處理邊政幾件大事，再進一步研究民國及清朝邊疆大事，所謂溫故而知新是也。如本會職員不知道蒙藏情形，是使人可笑的。

## 7月2日　星期四

今日上午十時軍事委員會、外交部同時召集會議，討論對藏交通、外交等問題，亦可見當局注重藏事矣。本會派周委員、方秘書、熊代處長分列出席。

## 7月3日　星期五

上午十時出席本會常務會議，討論服務邊疆人員優待條例。果能辦到，則前往邊疆服務日多矣。

## 7月4日　星期六

英、德在埃及大會戰開始，如英方失去埃及，則蘇伊士運河斷，其影響十分重大。查英國自開戰以來，未有一次勝仗，其無犧牲精神，可想而知。

## 7月5日　星期日

庸叔今晨忽發熱至四十度以外，人事不清，麗安十分著急，遂于午後送至歌樂山中央醫院診治，檢查結果不知病源何在。余于午後四時半偕昆田等進城。晚六時

半約郭寄喬夫婦便飯，昆田、芋龕、寶卿等作陪。

## 7月6日　星期一

上午八時出席中央紀念週。糧食部徐部長報告糧政，略謂去年今日糧食最危險的時期，今年今日則不然，即以四川而論，其豐收為從來所少有，以一年之收成可供兩年之用，這是天助抗戰云云。全場同人聞之無不表示欣慰，徐部長在抗戰期中能解決最嚴重之食糧問題，厥功甚偉，余更為欽佩。

## 7月7日　星期二

上午八時接見交通部驛運處處長王國華君，商討辦理印藏驛運。上午九時出席行政院會議，適抗戰五週年七七紀念會，故于開會前，全體起立向抗戰陣亡將士及全國死難同胞誌哀一分鐘，並推孔副院長及周內政部長代表全體長官前往蔣委員長官邸，向蔣委員長致敬。重慶市各界舉行紀念大會，甚為熱烈。內政部張次長來訪，擬不日赴西北視察，託余函各該省關照。午後二時半回鄉，適馴叔今日放暑暇，特經過南開學校接其回家。又經過歌樂山中央醫院看庸叔病，據醫生云，檢查肺部有一小塊發炎，尚無大礙，數日可愈，即與麗安一同回家。

## 7月8日　星期三

拉薩孔處長來電，西藏政府擬設立外交組，如成立時，請中央與尼泊爾參加典禮，應否前往。據孔觀察，

此種組織是西藏要表現其獨立之精神，當將該電轉行政
院轉外交部核議。又孔來電，西藏增兵青海邊境。總之
對藏若無軍事佈置，決難聽命也。

## 7月9日　星期四

　　午後王葆齋兄來訪。他現在禁煙委員會服務，據云
該會人事複雜，尤以常委意見太深（該會係常委合議
制），曹常委纕蘅行將退出辦公，而李常委仲公個性太
強，不易合作，不得已擬辭去該會第一處處長職務。惟
葆齋兄年事已高（六十五），兒女甚多，生活維艱，情
殊可愍。余曾向內政部周部長、張次長進言，擬請另調
內政部簡任位置，當承允諾。豈亦不過對葆齋兄關心與
誠意而已。

## 7月10日　星期五

　　拉薩孔處長先後來電，謂本日（七月七日）接噶廈
函稱：

漢官孔處長勳鑒：西藏公共會議以理由呈請攝政新設藏
政府對中國及他國辦理外務人員之機關，已經照準，並
任札薩索康及貢覺仲尼大喇嘛二員主管其事，其他辦事
職員亦經派定，經于藏曆五月廿三日正式成立機關。今
後漢藏事無鉅細，請逕向該機關洽辦等語。

查該機關之藏文意義是外務局。今西藏視中央為外國，
示西藏為獨立國，如我予以承認，則前此國際條約所訂
西藏為中國領土之文，無形取消；而西藏與外國所訂明
密各約，未為中央所承認者，無形有效。事關重大，中

央似宜明電噶廈，不承認該局，中央駐藏官員仍須照舊，由噶廈接洽一切事件，一面速定以實力根本解決藏事之大計。屆時並可以西藏阻撓抗戰，擅設外交局，破壞中國對藏主權等理由，備答英國之詢問各等情。蓋自西藏反抗中央測勘中央公路，自認成功以來，更認中央對藏無暇用兵，日益輕視中央，今更設立外務局，對中外表示其獨立自主，事關我國對藏之領土主權，未可以平常藏事視之。余于廿九年由藏返渝，即主張佈置青、康兩省軍事，近一年來不斷作此主張，迄未實行。而一般不明白西藏內情者，好作不負責任之主張，尤以測量中印公路之虎頭蛇尾，益使藏人梟倨。除將此種情形轉呈行政院、軍委會外，日間當再與有機關切實商討。

## 7 月 11 日　星期六

　　纕蘅兄日前回里掃墓，並經過城都，又至雅安等處，業已回渝，今日特來訪。據云現在四川內部無問題，年歲豐收，此行四川大名流，均經晤談。

## 7 月 12 日　星期日

　　午後進城，麗安過歌樂山下車，到中央醫院看庸叔病，熱度仍在一百零二模樣，現尚不知真正病源何在，麗安十分著急。以余觀察，庸叔之病乃重慶暑天普通發熱，經過相當時間即可退熱，如稍緩進醫院，在家延醫診治與調養，或已痊愈，亦未可知。嗣到醫院，因檢查不出病，很長時間未給病人藥品，如在家中，則很早服退熱藥品矣。雖然余愛此子，亦無法作主也。

## 7月13日　星期一

昨夜天氣太熱，通夜未眠，汗流不止，今晨甚為疲勞。上午八時出席中央紀念週。

## 7月14日　星期二

上午九時出席行政院會議。于開會之前與孔副院長談西藏設立外務局事，旋于開會時首先討論此案，經一小時半之久。余亦詳細報告藏事之前因後果，及中、英、藏三方面之心理，引起全場重視，隨決議交軍事委員會、外交部、交通部及本會審查。總之中央對于邊事素少研究，此案或可促其覺悟。午後偕襄叔回鄉，過歌樂山看庸叔病，其熱度仍在一百零二、三，據云是肺炎，遂訪中央醫院吳院長，託其注意診治。吳巢縣人，肺病專家。

## 7月15日　星期三

蘇、德最近戰事，蘇方不利，蘇方近亦承認。日本將攻西北利亞，為期亦不過遠云。

## 7月16日　星期四

庸叔確是瘧疾，如早照瘧疾診治，則一星期前已痊愈矣。但花錢事小，庸叔身體吃虧太大，此皆認病不清，有以致之也。

## 7月17日　星期五

連日天氣甚熱，通常在九十度以外，一百度以內。

## 7 月 18 日　星期六

接見王天籟等，談綏遠、蒙古各方情形。

## 7 月 19 日　星期日

清早看國書病，已日有進步，惟肺病非長時修養不能全愈。據書國云，在現在情形無變化，四個月後方可起坐。

## 7 月 20 日　星期一

上午九主持本會紀念週，並訓話。接見達拉特旗保安司令馬子希。馬年力富強，頗明大義，此次來渝受訓，在途中三個月。午後偕昆田進城，天氣甚熱。庸叔病已大好，日間當可出院。裴季浩兄約晚餐，有王國華、奚東曙、趙漢生等在坐。晚間財次長顧翊羣來訪。

## 7 月 21 日　星期二

清晨鄭通和、黃敬思來訪。鄭在甘任教廳，此次來渝，請求追加經費。黃是教育專家，擬謀參政員，託余進言。上午九時出席行政院會議。據何軍政部長判斷，日、蘇戰事將在本月底下月初發動，否則暑期一過，不易動兵。午後一時到張交通部長家午飯，順談辦理印藏驛運問題。

## 7 月 22 日　星期三

上午八時過江至南岸汪山放牛坪放問陳光甫兄。此地較城內氣候約低十度，他夫婦二人在此山居頗為舒

適，余亦借此休息一日。與光甫兄暢談，深夜始寢，
他深深以晚年修養為重要，萬不可多管閒事，余深表
同情。

## 7月23日　星期四

　　清晨起身，與光甫兄早餐後，隨即起程過江回城。
此次與光甫兄暢談，深覺其各行均有進步。「閉門家中
坐，禍從天上來」，這兩句俗語是教人無時無地都要小
心謹慎，方可免外來之禍，若要免禍，必須少見客、少
說話，尤其不可發議論，所謂禍從口出是也。余一生最
好說話是最大短處，此後應以此為戒，以此為坐右銘。

## 7月24日　星期五

　　清晨約軍令部主管邊疆軍事黎處長明（號伯豪）談
話，均認為此次西藏設立外務局，是有背景、有計劃
之舉動。且緬甸北部接連藏境之察隅、門空、波密等
處，敵人已可與西藏直接交通（聞已在拉薩設立秘密電
台），當然加強策動，在政治上已取攻勢，將來在軍事
上勢將擾亂康、青。蓋自緬甸倫陷，而泰、越又為敵
用，雲南時受威脅，時有被攻之可能。今西藏為敵所趨
使，其影響實非淺鮮，故主張一面與藏方交涉，一面鞏
固康、青邊境防務，再一面作一澈底對藏計劃。益以西
藏為我國西南國防外圍，萬萬不可輕于言棄也。

## 7月25日　星期六

　　佶子兄由南溫泉來渝，惟相距不遠，以交通不便，

已三月未晤矣。偌子身體強健，乃老年人最難得之事。
余近兩日腹瀉，乃不戒于食之故也。左背痛仍未愈，再
請補一打針診治。

## 7 月 26 日　星期日

腹瀉仍未愈。蘇聯對德戰事不利，形勢緊張，德已
進攻高加索外圍，其目的在油田。

## 7 月 27 日　星期一

連日腹瀉雖稍愈，但身體較弱，因此未能出席今晨
中央紀念週，特進城請補一醫生診治背痛。偌子兄因有
順便車，于午後六時回南溫泉。晚六時半約鄭西谷、關
伯勉、吳亮夫、黃仲誠（名敬思）等便飯，適有空襲
報，隨即散席，余即至防空司令部防空洞。迨解除後始
知是防空大演習，因八個月沒有敵機來渝，恐日久疏
懈，故有此次演習。但市內外秩序甚紊亂，最近市內人
口增加，有許多人臨時無防空洞，這是最危險的事。

## 7 月 28 日　星期二

上午八時出席行政院會議，討論西藏設立外務局
案。大致照審查意見通過，其決議如下：
（一）由蒙藏委員會逕電西藏當局，告以藏方處理地
　　　方涉外事務，而有設立機構之必要，則應遵守
　　　下列兩事：
　　　甲、有關國家利益問題，必須稟承中央意旨處理。
　　　乙、中央與西藏一切往還接洽方式，仍應照舊，

不得逕由上述外務機構辦理。

（二）中央與西藏間一切接洽，如藏方須經上述外務機
構承辦，即令蒙藏委員會駐藏辦事處暫停對藏一
切接洽，該處孔處長仍留藏辦理情報事務。所有
中央、西藏間一切接洽，改由蒙藏委員會與噶廈
及西藏駐渝代表辦理。

至關于印藏驛運問題，由外交部駐印度沈專員士華，秉
承交通部意旨組織商運公司辦理之。

就上決議案觀之，中央處理未免軟弱，余判斷藏方
態度不外三個方式：（一）遵照中央意旨；（二）拖延；
（三）不答復。現在藏事日非，余主張以軍事為後盾，
對藏嚴重交涉，使其就範。除軍事機關外，而政治機關
表同情者甚少，此皆不明藏情之故也。余覺將來責任重
大，及對邊疆事業不能貫澈主張，勢將誤國，即失去已
往治邊成績與各方之好感，亦無補時艱。故內定準備隨
時交代，待機告退。午後偕昆田等回鄉。

## 7月29日　星期三

此間已一月餘未落雨，禾苗相當損失。在一月前有
十二成之收穫，今則減至七成矣，何天不助乃爾。

## 7月30日　星期四

現在國際視線均集中于日本是否攻蘇，及英、美闢
歐州第二戰場。此二事能否實行，影響甚巨。

## 7 月 31 日　星期五

　　兼聽則明，偏弄則昧，多聽則亂。這是教人聽話方
法，自已要有一定主張，勿為人搖動。

## 8月1日　星期六

上午九時主持本會月會，由趙參事錫昌報告。

## 8月2日　星期日

記教育兒女

有此次抗戰，中華民族一定復興，而國民責任日漸加重，尤以家庭教育是復興之基礎。余對兒女教育特別注意，惟庸、光兩兒久居香港，未免染有都市及資本家風氣，余嚴令改革，伊等大感不慣，余只有盡為父之道，不顧一切，向前做去，希望伊等成為一個完全國民。余深覺我國過去之歷史及現在社會之情況，教育青年似可分為三個時期：（1）在十二歲入中學之前，完全是家庭責任（尤以六歲至十二歲小學教育為重要）；（2）十二歲進中學至廿歲，乃家庭與學校共同負其責任；（3）廿歲後乃個人與社會之責任。再中國素以倫理為立國之基礎，在國家教育未到水準之先，其未出嫁之女子，應由家庭負其責任也。

## 8月3日　星期一

因前次腹瀉，身體尚未復原，又加天氣過熱，故本星期未進城。

## 8月4日　星期二

蘇聯北高加索戰事吃緊。日本是否攻蘇，為全世界所重視，如本年不攻蘇，勢必壓迫我方，自在意中。

## 8 月 5 日　星期三

關于西藏設立外務局事，本日將中央訓示正式通知西藏政府及其駐渝代表，並派熊科長與該代表面洽。

## 8 月 6 日　星期四

久未落雨，天氣大熱，鄉間井水多涸，為重慶所罕有。尤以昨日更熱，余山上樹林住宅內，華氏表高至一百零三度。今晚間忽然落雨，天氣轉涼，降至八十三度，非常舒適。

## 8 月 7 日　星期五

同鄉吳亮夫兄，條陳加強西北邊疆教育，內有關于各民族應力求融合，而不可分化一段，確是實情，大可採摘其原文。謂前清以少數民族入主中夏，對漢、蒙、回、藏或利用相互殘殺，或運用宗教愚弄，或橫加誅戮，此固造成西北人民凋零頹廢，及相互之仇視之主要因素。至若愛護邊民，一變而為姑息優待，少數民族一變而為特殊階級，此又適足以提高邊疆各民族離異分化作用，非所以融合團結於無間也。故中央邊政方針，尤宜一秉大公，絕不可養成少數民族特殊階級心理云云。蓋自國府成立以來，失去邊疆機會甚多，其主要因素在中央有關邊政機關太多，只說空話，不負責任。現在各方對于邊事日漸明白，且多遇事諮詢本會，或可謂邊事將日趨好轉也。

## 8月8日　星期六

　　德軍已深入北高加索，蘇軍之地位愈形險惡，該處油田及煉油廠已受嚴重威脅。現在英、美等國，如邱吉爾等要人俱集中莫斯科，對于外交將有所會議。在英、美方面，如仍用素來外交敷衍手段，希望蘇聯苦撐，消耗軸心已不可能，只有開闢第二戰場，方可和緩目前蘇聯戰局，及與蘇聯朝野之安慰。或聯合蘇聯，先與德國謀和，暫時安定歐陸，一面以全力擊破遠東之日本，先謀太平洋永久之和平，這是于中國有利的。在蘇聯方面，除仿中國抗戰到底之精神，則只有暫時向軸心屈服，保全實力，待機反攻，這是于中國不利的。總而言之，在現階段下，大局將有變化，自在意中，尤其是日本對蘇聯之動態。老朋友、老同志楊滄白先生于六日在渝病故。楊六十二歲，四川重慶人，曾任四川省長、廣東省長，現任中央委員、國府委員。回憶民國四年十二月五日肇和起義，上海法租界漁陽里機關被敵探突破，一時形勢嚴重。余與滄白先生及日人山田純三郎氏，由後樓曬台登屋頂，至鄰人家之曬台，經一夜之久。迨天破曉，先由窗入亭子間，再下樓開主人後門，安然逃出，可謂患難之交。忽聞去世，悼痛實深，更想及在鄰人曬台時，于夜深感覺饑寒交加，滄白先生云，天下最笨拙的事，都是最聰敏人做的。此言確有深意，人生若朝露，可悲可歎。

## 8月9日　星期日

　　午後偕昆田等進城。

## 記印度局勢嚴重發展

全印國民大會通過常會決議，要求印度立即獲得獨立及英國退出印度等等。印度英國政府乃下令禁止國民大會、全印代表大會，及各省國民大會委員會之一切活動，並拘捕甘地、阿沙德（國民大會主席）、尼赫魯、奈杜夫人與國民大會常務委員會委員，這真是東方時局之不幸。查甘地等手無絲毫實力，回教又不與之合作，更加數百王公封建勢力之阻擾，尤以敵人勢力未到印度之先，而欲不流血革命成功，恐不容易。

## 8 月 10 日　星期一

上午八時出席中央紀念週。午後分別接見甯夏省政府駐渝新辦事處長馬策（號子翔，湖南邵陽人）、青海省銀行籌備主任周宜。適又接見交通部驛運處處長王國華，及該部赴印洽辦西藏驛運代表王慎名、副代表王蓬（號一峯）。

## 8 月 11 日　星期二

上午八時出席行政院會議，孔副院長生病，未能出席，蔣院長親自主席。九時半散會。又本日上午七時半接見此次在緬甸作戰國軍第五軍長杜聿明君，該軍乃中國之有名機械化部隊，今次在甸相當損失，大部退至印度，異常辛苦。杜陝西人，黃浦第一期畢業。午後回鄉。美英聯合海空軍攻擊所羅門群島日本海空軍，彼此勢力雄厚，發生太平洋上大激戰。日本宣稱擊沉美國軍艦及運輸艦二十餘艘，美國則稱已佔領杜拉吉之重要據

點，並承認損失軍艦數艘。現戰事仍在激烈進行中，此戰之勝敗于雙方在太平洋之前途影響甚大。

## 8月12日　星期三

晨間得城會電話，蔣總裁約余本日午後四時黃山公館見面。遂于十一時進城，午後二時過江往黃山（該山余初到重慶時亦曾居住，今已隔四年餘矣），準時晉謁總裁。首先談西藏問題，余將素來所見所聞詳細說明，並以西藏形勢日趨重要，消極的應採警戒方式，積極的應採攻勢防禦方式，經過卅分之久。總裁末云，日間將赴西北，約余同行，囑即準備，余請帶秘書一員，當承允諾。余即辭出，過江回城，當夜回鄉。

## 8月13日　星期四

決定約周秘書昆田一同前往西北，以資熟手。上午準備行李，下午偕昆田、小魯進城。李維果夫婦來訪，據芋龕云，維果將任荷蘭國公使，擬約伊同往。余以為芋龕身體素弱，長途飛行是否相宜，應該注意。

## 8月14日　星期五

印度反英運動愈益擴大，警察開槍，民眾死傷，孟買等地罷工。以印度無實力之運動，而英國有實力、有計劃干涉，或可鎮壓紛擾。

## 8月15日　星期六

上午九時到九龍坡飛機場，蔣總裁偕夫人于十時十

分到機場，遂即上機，于十時廿分向蘭州起飛。計飛機
二架，余與總裁夫婦及賀主任耀祖乘第一架，其餘隨員
及周秘書昆田乘第二架隨後飛行。午後一時卅分安抵蘭
州，全體軍政當局到機場歡迎。總裁住九間樓，余下榻
勵志社。此間天氣涼爽，而市政較余昨年冬到此相比大
有進步，尤以馬路放寬為最難得。晚七時應谷主席宴，
有陝西熊主席斌、胡總司令宗南等在坐。晚間高監察
使、谷主席先後來談。至十一時就寢，氣候甚寒，須蓋
棉被，與重慶大不相同也。

## 8月16日　星期日

上午十時廿分隨總裁到興龍山遊覽，並有谷、熊兩
主席、胡總司令、賀主任同行。省府在該山新建別墅一
所招待總裁，風景特佳。余昨年冬到此祭成吉思汗，今
日舊地重遊，尤為快慰。午飯後回城。馬軍長步青、馬
主席步芳本日由青海抵蘭州，比即晤談。晚間省府宴馬
氏，余等作陪。

## 8月17日　星期一

上午九時參加擴大紀念週，到黨政軍各界人士
一千五百餘人，蔣總裁主席。其訓話大意，首述現在西
北與六年前來此所看者，相較已進步甚多。次指示在西
北工作同志，應有漢唐時代開通西域之之精神，勿畏
交通困難，勿慮缺乏機器，同時須定三年、五年之計
劃，切實執行，以求有成。最後指示（甲）政治方面：
（一）保護舊有事物，如森林、牲畜、寺廟、渠塘等；

（乙）建設方面：如造林、開渠、獎勵畜牧、開墾，其他如實行新縣制、建設交通及工業等等；（丙）軍事方面：應有古人開疆拓土之精神，並協助黨政，作一切建設，而致力于墾植。歷一時半詞畢，禮成。陝西熊主席來訪，暢談一般軍政近情，留午飯。晚六時應蔡市長宴，在坐除熊主席外，尚有內政、教育、交通、審計四部，張、顧、徐、劉四次長。總裁今日移住興龍山，余與賀主任仍住勵志社。

## 8月18日　星期二

今日是余任蒙藏委員會六週年。在此六年中有五年抗戰，余對邊事雖無特別建樹，而大致平妥，已屬萬幸。今後邊事重要，余只有小心謹慎，本良心做去而已。分別回拜軍政當局及士紳。

## 8月19日　星期三

晨六時半起，至十二時半，經六小時之久，接連見客，深覺疲困。但見客則消息靈通，所以清末做官對于見客是一件重要課程。高監察使約午飯。

## 8月20日　星期四

午十二時應省參議會張議長鴻汀及士紳廿餘人公宴。午後二時半赴興龍山，四時十分到達，當即隨總裁夫婦登山謁成吉思汗靈。余說古今兩大英雄到此名山，應該有所紀念，總裁答云成靈可永遠在此，另建靈堂。五時總裁招待守靈人員茶會，散後，余再至總裁住宅談

話。余主張建設甘肅，首先要減少人民負擔，由中央另發專款；移民首先要保護原省人民，勿令逃亡；在西北軍事方面，應訓練騎兵。旋于六時半偕朱長官一民及賀主任、谷主席回城。于八時餘到一民兄家，隨即便飯，並聽一民兄報告最近新疆情形（朱新由新疆回來）。據云盛主席確是誠意擁護中央，聞之深為欣慰，不過關于新疆外交、軍事、政治較為複雜，須細心研究，妥為處理，不可別生支節也。

## 8月21日　星期五

上午拜客，因在勵志社來賓不斷，頗覺煩擾，特于午後至高監使處休息。又分別應教育廳鄭廳長西谷、西北公路局何局長競武晚餐，又觀該局職員所組織之國劇、京戲，至十二時完畢。該團票友甚多優秀，殊為難得。

## 8月22日　星期六

約胡政之、高一涵兩先生午飯。胡有名記者，主辦大公報，聲望素隆。與之暢談邊事及國際形勢，據胡云，日本軍紀太壞，立于必敗之地。

### 新舊事物應同時並用

據胡政之先生云，中國幅圓廣大，社會複雜，上下千古之文化同時並在，所有新舊之事物亦應同時並用，如一方有飛機，一方仍有馱運，即其顯例。故吾人既須提倡現代化、科學化，但對邊地仍須尊重宗教，以為治理之助也云云。頗具卓見，切合我心。

## 8月23日　星期日

　　遠征軍第一路司令長官羅卓英君清晨來訪。該軍在緬甸作戰後，退駐印度，正在補充訓練。羅精明強幹，為現代不可多得之將才。該軍在印，接近西藏，特詢余藏中情形，必要時或將移至藏邊。彼此在蘭事冗，無暇細談，特電李參事芋龕，俟羅到渝時予以招待，約本會楚、熊等處長作陪，並談邊事。上午十一時訪朱司令長官，再細詢新疆問題，朱特將經過情形詳細說明。余主張應竭力幫助盛主席，使其地位穩固，免中央西顧之憂。

## 8月24日　星期一

　　上午十時參加省黨部擴大紀念週，蔣總裁訓話。其大意，首言到此旬日，觀察甘肅各項事業，均有進步，表示滿意；次言西藏、新疆、蒙古有關國防，而甘肅南面接連西藏，西面接連新疆，北面接連蒙古，因此地位重要，應積極建設，成為模範，惟人口稀少，一時移民來不及，應使現有人民身體強健，小孩死亡率減少，欲達此目的全在衛生，而衛生之道在教育；末言造林是西北重要工作，亦是建國基本工作，欲達目的亦在教育。經一時之久完畢。午後○時卅分總裁約午飯，有朱一民、梁寒操、吳澤湘、賀貴嚴、羅卓英等在坐，並宣佈蔣夫人、朱、梁、吳及余赴新疆一行。梁赴新辦黨，吳任外交特派員，朱幫助盛主席，須常住新疆，蔣夫人與余短期即回。余素來有遊新疆之志願，今果實見，曷勝欣慰，亦因緣之湊合也。省府約晚餐。

## 8 月 25 日　星期二

本定今日飛青海，因氣候不佳，須改期。公路局何局長競武約午飯。朱長官一民約晚餐，計三棹，多是在西北服務軍官。

## 8 月 26 日　星期三

今日天氣清朗，總裁于午後一時十分到機場，即登機向青海起飛，余與谷主席正倫、羅長官卓英、賀主任貴嚴、馬軍長鴻賓、毛總指揮邦初、周秘書昆田等隨行。于午後二時飛抵西寧空中，續向南飛，繞海一週（即青海），余久慕此海，今果目睹，又值天候清和，滿海碧水，使人感到無限興趣。三時十分飛抵西寧機場降落，總裁旋即閱兵，實到官兵一萬二千八百餘人。此種大軍廿分時間佈置完成，其迅速殊出意料之外，閱兵畢，繼之訓話，各官兵整齊嚴肅，動作切實而敏捷，一望而知素有訓練。訓話完畢，進城往省府。

## 8 月 27 日　星期四

上午九時，隨總裁拜青海馬先主席閣臣墳墓後，視察廣濟橋及第四林場。十時總裁召集黨政軍人員訓話。十一時召集蒙藏王公、活佛、千、百戶及回教教長阿訇、地方士紳八百餘人訓話，王公、活佛、千、百戶獻馬五百匹，總裁賞五十萬元。訓話完，由余與馬主席分別介紹王公、活佛、千、百戶，及回教各領袖晉謁總裁，並分別攝影一張。蔣夫人午後二時飛抵西甯，馬主席昆仲因不認識夫人，余至機場介紹，並歡迎之。午後

三時隨總裁往塔爾寺，該寺全體僧眾在寺外熱烈歡迎，
總裁佈施十萬元。于午後六時回至西甯。昨年冬到此，
天氣甚寒，今年到此，天氣溫和。

## 8月28日　星期五

　　清晨接見蒙藏人士羅桑堅贊、拉德拉伯德、蘇呼得
力等廿餘人。上午十一時隨總裁至飛機場，馬主席率青
海黨政軍人員蒞場送行。十一時四十分起飛，越過祁連
山，于午後二時許抵嘉峪關降落。宿空軍招待所，環境
曠朗，佈置整飭，頗覺舒適。晚與朱一民兄同房，因明
日同赴新疆，故與之談至深夜，對新疆一般問題及盛督
辦來甘謁見總裁問題，均提出研究，甚盼此行能有所成
就也。

## 8月29日　星期六

　　「阿爾泰山雲在望，只知建國不知難」為余去年冬
來西北所寫之詩句，不意時隔數月，即有新疆之行，何
幸如之。上午十時半隨蔣夫人赴飛機場，總裁親往送
行，旋即起飛。同行者除蔣夫人、朱長官外，尚有吳特
派員澤湘、梁副部長寒操諸氏。機飛甚穩，不覺身在旅
途之中。下午一時許過吐魯番，越天山，不瞬間迪化已
昭然在望。二時四十分機身降落，督辦兼省主席盛晉庸
（世才）先生及其夫人邱毓瑛女士，率軍政各界人士蒞
場歡迎。蔣夫人及余等下機後，由朱長官介紹，與盛督
辦等一一見面。攝影後，遂分別乘車前往行館，沿途步
騎羅列，警衛森嚴。余及朱長官等住督辦公署（即清朝

巡撫衙門）之東花園，蔣夫人則住于西樓，布置均極整飭。迪化距嘉峪關約一千公里，時間與隴蜀之間相差一小時，氣候與蘭州相彷彿。

## 8月30日　星期日

　　早起在花園中閒步，頗為清快。朱長官一民兄見告盛督辦約余十時談話，並謂可泛論一般問題，不必談具體辦法。屆時前往，間及哲學問題，歷時一時卅分，彼此義氣相投，約余常到新疆，結果極為圓滿。午飯後，偕昆田至城北約十華里之溫泉入浴，水不熱，須加燒後始可浴，但硫磺質重，滑潤異常。浴後繞西門、南門入城，城垣不高，但為眾山所懷抱，亦甚險要。市街湫隘，多待整理，人民則蒙、藏、回各族俱有，服裝各異，維吾兒人裝束酷似印度人，尤為奇特，通常稱新疆有十四種民族，遊行街市如入民族博覽會。回至行館已午後四時許，悉盛督辦晚間在西樓公宴。旋朱長官來密談，謂盛允隨蔣夫人飛甘肅謁總裁，渠（朱）亦同往，囑余暫留，俟盛歸來再返。余以此乃國家大事，慨然許之，惟余對新情形生疏，因請其介紹盛之重要人員與余接頭，俾萬一有事時，得所洽詢。晚七時許，與同行諸人西樓應宴，盛督辦偕其夫人親臨招待，其重要軍官亦被邀作陪，共計到三十餘人，躋躋蹌蹌，極一時之盛。席間首由盛督致歡迎詞，蔣夫人作簡短演說，申述來新慰勞，及全國上下休戚相關之意，措辭尤為得體。在此宴會時間中，蔣夫人見告朱長官，原擬偕盛等秘密飛甘，而留余在此，不使余知。蔣夫人並迭問余願留此，

抑同回甘，余答留此，盛謁總裁乃國家大事，余雖犧牲
亦所不辭。散席後，朱長及余、盛督辦、毛總指揮隨蔣
夫人登樓，商討明日飛甘問題。宣布明日盛督辦、蔣夫
人、朱長官飛甘，余留新。余聲明希望介紹軍政重要人
員與余接頭云云。盛督辦繼之發言，謂新疆將領會議咸
主張朱長官留此。少頃，諸將領俱到，盛督辦即謂，明
日我飛甘，朱長官留此，朱長官完全代表本人，有事須
服其指揮云云。朱長官旋亦向其宣稱，盛督辦可以代表
我，我亦可以代表盛督辦，有事請大家接受我之指揮云
云，言下甚似嚴重。計既定，蔣夫遂去就寢。不一刻，
蔣夫人復召朱長官入談，謂你留此，如有事變奈何。朱
答曰，全恃夫人。蔣夫人曰，自然如此，盛又何必飛
甘。朱出，因再會商，決定盛不去甘，盛亦表贊同。再
請夫人出，最後決定，惟請夫人多留一日暢談一切，遂
散歸。就寢時已夜一時許矣。查盛督辦以一身繫全疆之
安危，十年來之支持殊不易易，此次有無與總裁晤面之
必要，應事先考慮清楚決定，不宜變更，所謂謀而後動
者也。乃今日舉棋不定，忽去忽不去，甚至于蔣夫人就
寢後呼起論事，尤感不便。如以此時間商談其他重要問
題，當有所收穫，今竟消耗于無用，殊屬可惜。然此一
切雖非余之主動，亦深感覺不安也。

## 8月31日　星期一

　　原擬本日再留新一日，嗣以總裁來電，囑蔣夫人今
日飛嘉峪關，明日飛武威（涼州），即轉寧夏，俾勿過
勞，因決定午後二時起飛。總裁來電並有禮卿委員長，

老成持重，如與晉庸兄多談，必有益也等語，惜時間
已不允許矣。午餐後隨蔣夫人蒞飛機場，送行儀式之隆
重一如來時，惟盛督辦未親往。蓋盛平日以環境複雜，
深居簡出，未嘗親至機場及車站，前日歡迎蔣夫人，則
為空前之事也。梁副部長寒操及吳特派員澤湘以有任務
留新，朱長官仍照蘭州時之計劃留新，作短時間之襄
贊，今盛既不飛甘，朱留新更心安矣。二時起飛，向東
前進，歷四小時抵嘉峪關，因時差一小時，關上已屆七
時。仍宿招待所，甚為恬靜。

## 9月1日　星期二

　　上午十時半再上飛機，繼續東飛，十二時一刻到武威，總裁來迎接夫人，下機後同至武威北門外之平苑小憩，並進午餐。苑為馬步青氏所建，花木繁茂，一水中流，幽靜特甚。二時許至飛機場，擬總裁即飛甯夏，乃以載重過量，遂與賀主任、谷主席等暫留，候機回接。時間尚早，因再回平苑，復與何專員、韓軍長等往遊馬步青氏所建中正紀念樓，圍廣樓高，不禁欽佩馬氏氣魄之偉大。嗣往觀六朝鐘，車出北門而返。晚餐後，機亦飛回，遂即上機，時已七時以後，天地昏黑，盲目在空中飛行，又具一番意趣。迄八時半到寧夏，仍下榻南門外謝家寨，蓋去冬舊遊處也。綏遠傅主席宜生（作義）等亦來此，相見甚歡。隨即謁及總裁，對于此次赴新情形及觀察所得略加陳述。

## 9月2日　星期三

　　上午參加總裁向寧夏黨、政、軍全體訓話。午十二時省府公宴。總裁未餐前在客廳小憩，宜生、卓英亦在座。因談及國防問題，余謂我國國防，西南應掌握喜馬拉雅山，西北應掌握阿爾泰山，有此兩山，然後金湯始固，並舉前代事實為證。總裁頗示首肯。繼余又謂，邊疆問題現須從研究入手，惟材料方面頗感缺乏。總裁允以新疆省誌一部見贈。嗣傅主席談及綏遠盟旗問題，總裁論擬具計劃。晚間偕昆田往訪傅主席，商談此事。最後決定綏境蒙政會指導長官公署增一副長官，或或將現在副長官朱蘭蓀調本會委員，以傅主席繼副長官，並將

伊盟保安副司令馬秉仁易為陳昌捷，以資調整。歸來，
適總裁約見，因報告，及之決定明晨七時乘第一班機飛
蘭州，總裁則乘第二班機啟飛。

## 9月3日　星期四

　　晨以飛機誤時，未起程。至十二時飛機始到，乃改
由總裁先行，臨時宣布巡飛西安。余與谷主席等以機不
及飛返，仍留甯夏。晚間省府演劇歡迎，偕谷主席、羅
長官等往觀劇，為秦腔演史可法全本，頗為精采，劇完
已夜半矣。

## 9月4日　星期五

　　候機不來，甚為著急。終日未出門，因與谷主席同
居一室，暢論西北一班政治。谷深覺甘肅內容複雜，大
有倦勤之意，余多方慰勉之。

## 9月5日　星期六

　　晨七時飛經蘭州往重慶之飛機起飛，谷主席乘便回
蘭，余仍暫留。上午無事，與馬主席少雲、馬軍長子寅
兄弟長談。十一時許得飛機來甯訊，因即整裝出發，少
雲、子寅暨各高級軍官、省府各廳委均蒞機場送行。
十二時機到，旋即起飛，因西安較近戰區，乃巡飛寶
雞。午後二時一刻到達，由駐軍派汽車接送火車站。四
時半火車開行，十時抵西安，熊主席及陸心亘、何競武
諸兄並率軍樂隊蒞場迎接，隨即乘車至黃埔村行館。村
在西安城南五十華里之地，居終南山北麓十餘里，長木

夾道，公路寬平，夜行其間，頗為愉快。十一時至黃埔村，晤及賀主任貴嚴兄，知余係派住中宮祠周嘉彬師長公館，蓋即文白先生之婿家也。文白先生已于前三日偕其夫人到此，聞余將來，故書而約余同住。余比即前往，到則人盡入睡，遂囑役勿驚主人，因草草就寢，時已十二時半矣。

## 9月6日　星期日

晨起，與主人及文白先生夫婦及女公子晤面，甚為忻喜。總裁來西安，任務係召開第一、二、五、八，四戰區之軍事會議。余以文官身份未參加，但到會各重要將領，如李德鄰、蔣銘三、湯恩伯、胡宗南、李品仙、孫連仲、張伯璇諸氏均經晤。該會于上午十時開幕，由總裁訓話。嗣聞文白先生談訓話大意，謂二十四年來西北時，見西北資源豐富，足為抗戰基礎，因決定抗戰國策。此次在來西北，尤感覺幅圓廣大，蘊藏富繞，即以新疆一省而論，其面積相當於浙江十五倍，各項礦產都有，更可為建國之基礎，再抗戰十年、二十年，亦無問題。又謂將來應放大眼光，以玉門為大門，新疆為操場，山海關為後門，東三省為後花園，東南為尾閭云云。此誠總裁此次前來西北之偉大認識也。憶余前在寧夏與總裁談話，曾謂應掌握阿爾泰山及喜馬拉雅山，以固國防，以今日總裁之言言之，則此兩山視作守門之獅子可耳。邊疆問題為目前朝野共同注意之事，但究應如何推進，鮮能言得其要。余隨總裁至蘭州時，曾以下列六項原則呈奉參考：

　　（一）建設甘肅
　　（二）穩定寧、青
　　（三）鞏固西康
　　（四）調整新疆
　　（五）控制西藏
　　（六）溝通外蒙
如能依此做去，則邊疆整個局面，或不難逐漸開展也。
再余前于解決青海問題，曾提出如下三個原則：
　　（一）調整青海
　　（二）鞏固甘肅
　　（三）相機收復新疆
在過去數月內，此三原則相當完成矣。今後應努力新的
六個原則成功，而溝通外蒙較為困難，至控制西藏，則
以鞏固西康為前提也。

## 9月7日　星期一

　　二十五年春，余由貴州偕昆田返京，取道西安，曾
歷覽周、秦、漢陵，及大、小雁塔、碑林等古蹟，並至
華清池入浴。原擬一登終南山，乃因車路未通而罷。此
次住鄰終南，而又汽車可達，當不能再失之交臂。爰
于上午九時偕昆田乘車往遊，車行約廿分鐘，至山下彌
陀寺而止，改乘滑竿登山。行行重行行，感官漸與塵世
隔絕，精神大為鬆快。沿途翠柏蒼松，翳蔽天日，粗可
數圍之古樹，觸目皆是，興人指認古婆邏樹數株，尤為
少見。因須爭取時間，途中遂少勾留，經三小時而達大
台。蓋終南山有五台，大台其最高者也，台上住有軍隊

一排，由其排孫君出為招待。入廟客房休息，軒窗淨几，堪以怡情。客房面對西北，平疇沃野在眼底展開，左右峰巒秀潔可愛，沉默者久之。少頃，寺僧進茶，乃出所攜麵包煎食之，佐以鹹鴨蛋，頗足飽腹。休息至午後二時，由孫排長導引往觀山後之茅蓬，云為高僧修持處也。茅蓬建于山坳中，後倚高山，狀如坐椅，前對秦嶺，有似圍屏，誠一絕好習靜之所。蓬內有僧人六、七，皆屬苦修之士。有一法號公明者，讀法華經，一字一拜，二年餘如一日，尤見堅毅。聞距此不遠尚有韓湘子學道處，及其他茅蓬數所，以時間不足，未及往。旋乘滑竿，尋舊道下山，路過石佛寺，稍憩。寺供石佛一尊，屋宇高敞，內有老者一人，精神頗健，談吐不俗，心竊慕之。參觀後再行至勝寶泉寺，又憩焉。寺始于唐代，歷代均有燬建，現存者乃清末及民國時物也。寺住僧一，年六十有九，于民國八年因家庭問題而出家，乃失意中求解脫者。進茶後下山，抵彌陀寺已午後四時半矣。汽車一刻來接，回至周公館，接得通知，知總裁午後四時閱兵，囑往陪閱，但時間已過，只得不去。

## 9月8日　星期二

　　昨晚蔣緯國、戴安國兩姪來長談。緯國現任連長已一年有餘，謂睡眠與飲食俱感不足，情形至為苦楚。緯國係總裁之子，為為他人表率計，刻苦耐勞，當更超人一等。總裁欲使緯國自痛苦處歷練起，當至妥善，惟時間過久，甚至損害其健康，亦可不必。得便當向總裁為之一言也。早起大雨，用餐後與湯恩伯先生閒談，渠頗

有致力邊疆之意。日前余晤及德鄰兄，他亦有已倦于東
南，願往西北之語，可見一般人現對邊事之注意。夫邊
疆問題之解決，必須求助于軍事，如國內將領俱有此項
意願，則開疆拓土，奠定國防大計，庶乎有望。

## 9月9日　星期三

西安軍事會議原擬本日閉幕，以報告較多，尚須延
長一日。

### 記朋友相處之道

陰雨無事，偶憶及朋友相處之道。孔子謂：「事君
數，斯辱矣；朋友數，斯疏矣」。此蓋言相處須避免繁
瑣。又謂：「晏平仲善與人交，久而敬之」。此蓋以敬
字為保持友誼之最妙法術。此外，古語有「君子不盡人
之交，不竭人之忠」，蓋欲一切須留有餘地步也。近人
多不解此意，朝作良友，夕為仇讎，固事之當然者耳。

## 9月10日　星期四

### 夜夢左宗棠先生

夜夢與左宗棠先生同遊，時似拂曉，途中景色優
美，如行畫中。不久及一河，上有大橋，橋頭有高屋一
座。見數武裝官兵，張大宮燈一對，挾一犯人，將行
刑。犯人忽呼余，欲發問，忽驚醒。所見情形，歷歷在
目，左先生似猶在余之側也。左為收新疆為國土之第一
人，功績彪炳，素所景仰，年來新疆形勢特殊，欲繼左
氏之後而挽回河山，亦為余之心願。此番左氏入夢，究
係余之幻影，抑係左氏有靈，而于夢中給予以啟示，則

均未可知也。

本日（十日）西安軍事會議閉幕，總裁訓話。茲就參加同志所轉述者，錄其要點于後：

（甲）目前部隊中之缺點

(1) 賭博

(2) 走私

(3) 販煙、運煙

(4) 擾民

(5) 經營商業

(6) 下級參加幫會，有被奸黨利用之虞

(7) 長官與下級官不接近

(8) 接收壯丁時，接兵官之種種舞弊

(9) 命令隨便下，不研究執行辦法

(10) 眷屬隨軍之惡影響

(11) 謊報軍情，欺騙上級

凡此十一項缺點，總括之，則由于浪費、懶慢、虛偽之三項習性所造成，糾正之道則以儉克制浪費、以勤克制懶慢、以實克制虛偽。

（乙）敵人具有之優點

(1) 節儉

(2) 切合實際

(3) 下級幹部教育完備

(4) 澈底執行命令

(5) 各部隊協同一致

(6) 立于主動地位

至其缺點，則在于防區太廣，兵力單薄。

（丙）將來幾個原則

（1）不收編偽軍，如有反正者，即留置敵後

（2）不減發游擊隊經費

（3）各長官不可阻礙部屬至中央受訓

（4）戰術思想須統一，應切合典範令

（丁）長官部將來應設機關

（1）調查糧食機關

（2）安頓家屬機關

（3）提倡生產機關

（戊）將來縣長考績標準

（1）軍糧成績佔百分之三十五

（2）兵役佔百分之三十五

（3）其他佔分之三十

（己）士兵衛生問題應注意

（1）營養

（2）食水

（3）娛樂

（4）休息

其外關于騎兵訓練，應規定區域，以接近產馬之地為要。此等指示，誠詳盡也。晚間，緯國、安國同來進餐，並暢談。

## 9月11日　星期五

清晨回看李長官德鄰、蔣長官銘三，及胡宗南、李品仙、孫連仲三總司令。孫于青海改省時任第一任主席，在西北駐軍甚久，對于此方情形十分認識，仍有再

回西北，做西北做事之志願。

## 9月12日　星期六

　　午十二時半，總裁約余暨文白、家彬便餐，閒談中，余所述及者大概為：

（一）駐于豫、陝、甘將領，須知邊疆民族複雜，應使之明瞭政治及宗教之運用。

（二）緯國任連長已一年餘，可不必再作下級官，將來最好能派赴邊疆工作，以重邊疆人士之觀感，而作內地人士之模範。

（三）此次在新疆與盛督辦晉庸談話，彼希望余常駐或再往，將來如有必要，當可再去。

（四）回憶民十七年北伐完成時，總裁與余自北平同車南返，余談漢高祖之大風歌，意即注意邊疆，現在邊疆重要過于往昔，但著手經營，仍不為晚等語。

總裁並告余，後日（十四）午後回渝，囑準備。晚六時，胡副司令長官宗南在中央軍校第七分校大禮堂招待聚餐，屆時與文白兄同往。及門則軍官迎接，入門則奏軍樂，禮堂之佈置莊嚴偉大，氣象光昌。參加會餐者三百餘人，宗南兄坐余于上列主座，貴嚴、文白分坐余之之兩側，其本人則坐末座相陪，殊太客氣。飯菜上齊，數百人同時舉箸，佐以軍樂，尤富有整齊和諧之精神。餐畢，由一軍官致歡迎詞。詞畢，首由余致詞，略謂總裁日前西安會議中訓示，以玉門為大門、新疆為操場，意甚偉大，茲謹略作補充。查我國版圖，西極帕米

爾高原，西北以阿爾泰山與蘇聯為界，西南以喜馬拉雅
山與英屬印度為界。吾人必須掌握帕米爾高原，始足以
固蔥嶺；掌握阿爾泰山，始足以控制蒙古、鞏固新疆；
掌握喜馬拉雅山，始足安定西藏、屏蔽滇康。故吾國國
防應建設至此三個地帶。比譬言之，新疆為吾國之大操
場，則帕米爾高原恰如操場前之照壁，阿爾泰山及喜馬
拉雅山恰如把守操場之兩尊獅子。將來如何將中華民國
國旗插到此照壁及兩尊獅子頂上，則須我全體武裝同志
努力云云。繼由貴嚴、文白分別致詞畢，乃由王曲戲社
開演野玫瑰話劇。至十時散歸。

## 9 月 13 日　星期日
### 新疆現局之透視

　　此次新疆事態之轉變，實起于盛督辦四弟世騏之被
刺。世騏為盛警衛旅長，勇敢善戰，共黨欲圖盛而畏
之，世騏之妻為共黨，乃嗾使殺之。事出其妻，詭稱為
其五歲幼子玩弄手槍，誤拆機括所致，但所用手槍為左
輪，機括堅韌，絕非五歲幼兒所能動。盛因逮捕世騏之
妻鞫之，遂盡吐謀殺之實，並供出同謀之人。盛除下令
逮捕首要人犯外，並以此事既係共黨所為，與蘇聯在新
服務人員有關，因電蘇請派員會審。詎蘇復電拒絕，並
歷斥盛過去在中、蘇之間種種反覆及陰謀，同時又將此
電抄送中央。從此盛遂與蘇聯及共黨正式決裂，復賡續
逮捕軍政中、下級幹部之共黨份子，其上級者亦予褫
職，並停止其活動。蘇聯及共黨之束縛既除，盛乃得恢
復本來面目，傾誠中央，因有蔣夫人及余等此次新疆之

行。夫新疆居于國之西北，以阿爾泰山為與蘇聯之天然界線，在國防上關係重要，清代收隸版圖建為行省，不能不佩服其規劃之宏、眼光之遠。乃自民國以來，新疆遠處塞外，紛亂迭乘，回、漢仇殺之慘，亙古未有，而強鄰環伺，無不欲大啟封疆，新疆局勢，殊屬危殆。幸得盛督辦主持其間，一方調洽民族感情，使境內安謐，以進求建設；一方應付外交，以維持我中華領土之完整。雖其間亦多可以非議之處，然其苦心孤詣、堅貞卓絕之精神，亦值得吾人原諒而稱讚。此番事實之表現，即可為其心跡作一證明。若此數年中，無盛督辦此人鎮攝新疆，則新疆是否仍為我國領土，恐亦成疑問也。新疆局勢發展至目前階段，處理之道，先應對蘇聯外交作一度折衝，使蘇聯瞭然於還政中央對蘇無害，放棄對新疆經營。再則迅速充實河西軍事力量，俾必要時有所支援，同時更須維持盛督辦在新統制，使駕輕就熟，益臻治理也。至于將來建設新疆之根本辦法，則惟有大量移民之一途耳。

## 9月14日　星期一

西安距敵機場甚近，二十分鐘即可飛至，因此常有敵機擾亂，今日上午九時至下午二時兩次警報。迎接蔣總裁飛機計兩架，于午後五時先後飛抵西安，總裁偕余及皖主席李品仙等于五時卅分起飛，西安軍政各當局均到機場歡送。不一時天黑，機在空中盲目飛行，于晚八時飛抵重慶白市驛機場降落。該處距永興場本會僅二十餘華里，小魯在場迎接，遂即回鄉。迨至家中已

九時餘矣。

## 9 月 15 日　星期二

此次到西北，賦詩二首如下：

（一）嘉峪關飛迪化

朝辭嘉峪西飛去，阿爾崑崙萬里長；

大地資源須墾發，青天白日遍新疆。

（二）遊終南山

名山勝跡久思遊，古木參天曲澗流；

秦嶺終南相映照，老僧拜佛自悠悠。

## 9 月 16 日　星期三

處理一月來各方所來函電。

## 9 月 17 日　星期四

現在物價較一月前更飛漲，即以雞蛋一項而論，由八毛一枚漲至一元四毛一枚，現在幾天則降至一元一、二毛一枚不等，其他物價更可想而知。軍事雖可支持，而經濟前途誠不堪設想者也。

## 9 月 18 日　星期五

戴院長季陶兄夫人鈕有恆女士于十五日午在渝病故，故本日午後特進城弔奠。戴夫人自抗日後，本居上海，該處失陷後，間道來渝，余並往訪，見夫人身著佛衣，大有居士之勢。光叔病牙，麗安特帶其一同進城診治。

## 9月19日　星期六

戴夫人今晨八時出殯，余親往執紼祭送。訪陳光甫兄，並午餐，暢談至午後三時而散。

## 9月20日　星期日

上午十時接見西藏四代表，伊等將派二人往西甯一行，請本會代辦護照等等。余並將最近一年中央與西藏之關係日漸疏遠，囑該代表等轉告藏政府覺悟。關于西藏設立外交局案，本會將行政院指示意見轉電噶廈查照辦理。去後接其復電，設立辦理外國（中國在內）事務機關，既經成立，無法變更，此後一切事務，均須由該機關接洽，並請令知孔處長遵照云云。本會轉呈行政院，決議仍照前定第二步辦法辦理，即孔處長仍然西藏辦理情報事務，中央與西藏應行商洽事件，由本會逕電噶廈，或令其駐京辦事處轉達。西藏既正式拒絕中央修正案，視中國為外國，輕視中國已達極點，或進一步表示，自在意中。此時除加強青、康軍事，無他法也。午後訪賀主任貴嚴，商談對藏問題，他素來主張以佈置軍事，取強硬態度。

## 9月21日　星期一

上午八時出席中央紀念週，蔣總裁演講視察西北感想，及對西北各省進步迅速，備致稱許。紀念週後，內政部周部長至余寓談話，對于纕蘅兄在禁煙委員會與李仲公不能合作有所批評，認為不應該再到會辦公，應取冷靜態度，應照周意在城部幫忙。並云最近有人在軍委

會控告纕藚貪汙、經商等事，似有不能再予支持之勢。
纕藚人太老實、太熱衷，故有此結果也。晚七時，中央
黨部吳秘書長宴皖李主席，余等作陪。

## 9 月 22 日　星期二

余兩次西北之行，今次更深入新疆，引起各方重
視。連日各至好來詢問此方情形者甚顆，而中央有關機
關亦紛紛派員前往西北考察，開發西北之空氣，轟動一
時。上午七時半回拜安徽李主席品仙。八時出席行政院
會議，據孔副院長云，明年預算太大，對經濟前途深為
憂慮。午後一時，陳果夫兄偕鄭亦同兄來訪，暢談西北
移民與水利諸問題。午後三時偕昆田、麗安、襄叔、光
叔等回鄉。

## 9 月 23 日　星期三

康、滇交界之間，有地名東阿絨，有匪民千餘人
結集中甸邊境，發告中甸民眾書，響應敵人，影響甚
大。余迭次請政府對藏軍事佈置，惜未實行，現在不能
再緩矣。

## 9 月 24 日　星期四

中央定于十一月十二日召集第五屆中央執行委員會
第十次全體會議。今日中秋佳節，前次麗安及庸、光兩
兒由香港逃難，安抵重慶，得以歡聚，度此佳節，其樂
何如。惟馴叔在校，無暇回來。

## 9月25日　星期五
### 良心與人格

內而良心主義，外而人格行為，是余做事做人之一
貫大道。凡有良心與人格者，纔能有偉大犧牲之精神，
擔負偉大之責任，亦纔能功成弗居。即臨命終時，必可
心安理得，對天地鬼神而無愧，如此縱不成佛，亦可成
神、成仁，但非平時有充分修養之準備者，曷克臻此。

## 9月26日　星期六

國書肺病，既遷回鄉會調養已三月，不但無進步，
反而有退步現象，深為可慮。

## 9月27日　星期日

申兒牙痛出血，而身體亦不強健，且時常傷風及消
化不良，光兒牙病亦未醫愈。特于午後偕兩兒及麗安進
城診治，並送襄叔回教育學院上學，又往南開中學看馴
叔。訪羅司令長官卓英，他日間將赴印度訓練軍隊，由
美國接濟軍火，英國接濟給養。

## 9月28日　星期一

上午出席中央紀念週。白副總參謀長演講回教問
題，反對派別、反對教主制度。他以回教立場，可以露
骨表示，可算是回教革命者。申叔晨間拔去病牙，結果
良好，繼偕其往金頌盤醫生處，為其檢查身體，據云肺
部無病，腸胃欠佳。金醫留學德國，近年研究中醫，頗
有心德。午間郭寄嶠、魯佩璋、端木愷、楊月生公宴李

主席品仙，約余作陪。午後四時半出席國防最高會議設計局所召集之西北建設會議，余主張：（1）中央在西北應有一個重心；（2）西北人口太少，應設法遷移；（3）應與西北各省切實連繫，免生誤會；（4）應注意國防與政治。散會後，在局晚餐。

## 9 月 29 日　星期二

上午八時出席行政院會議。惟仁夫人本日誕辰，奚東曙、李芋龕、文叔等，于午後下鄉慶祝，申叔牙痛已愈，亦一同回鄉。因有此順便之車，特請金頌盤醫師下鄉為國書診肺病。據金醫云，國書現仍是急性肺病，心臟已有衰弱之現象，尚在未脫危險時期，只十分之三希望，倘不能成慢性，則三個期內，隨時有發變化之虞。方希孔約李主席晚餐，約余作陪。

## 9 月 30 日　星期三

接見新疆代表張元夫兄，他對于新疆之主張，大致與余相同。葉元龍兄昨年回籍，現返渝任監察院委員，他對于現時物價之飛漲，主張通貨澎漲，因中國是農業國家，不能與工業國家相比，只要維持軍隊及公務人員生活，社會不致發生其他影響。但一般人認為，惡性通貨澎漲，結果有不堪設想者也。午間陳光甫兄約午飯，順便與其談物價問題。據云通貨澎漲流弊甚多，不如購買美國封存不用之黃金運回我國，維持法幣信用，使社會安心，或可應付一個相當時期。蔣總裁今日出席總動員會議，亦以物價飛漲之危機為慮，並云抗戰時以軍事

為第一，現在應以經濟為第一，尤以疏散人口前往西北
為當前最必要之工作云云。其一般生活之嚴重，于此可
見。午後，訪張公權兄，談西北一般情形，並留晚飯。
適前北平市長袁良（號文欽）住在張家，一同晚餐。袁
深通日本情形，據云日本最後必失敗。

## 10 月 1 日　星期四

前農林部長陳伯蘭兄由港脫險，昨抵重慶，今晨來訪。見其身體強健，殊堪佩慰。

## 10 月 2 日　星期五

現在西北既已大定，即須調整者是西藏糾紛。查西藏拒測中印公路經過藏境後，自以為成功，認為中央軟弱，輕視中央，竟敢成立外務局，更拒絕中央修正案，以致藏情日趨惡化。欲圖解此糾紛，尤須西康努力，青海馬主席早有決心，而西康劉主席則主慎重，因此遺誤時機，真正可惜。就過去一般情形觀之，目前苟無對藏一種有力表現，西藏或進一步宣布獨立，亦在意中。吾人並無征服西藏之意，只要西藏尊重國家領土與主權，彼此相安可矣。劉主席現派民政廳長冷杰生兄來渝商洽，冷是本會常委，劉之親信，甚盼此來得一妥善之結果也。

## 10 月 3 日　星期六

上午十二時約陳部長伯蘭、李主席品仙、羅長官卓英、賀司令國光及郭寄嶠、林翼中諸兄午餐。晚七時參加蔣委員長夫婦招待美總統羅斯福代表威爾基晚餐會，中外男女來賓百餘人，席間蔣、威二氏彼此演說，頗集一時之盛。查威爾基氏年約五十，身體強健，說話爽直，將來有被選美國總統之希望。

## 10月4日　星期日

訪朱一民兄，談新疆最近一月一般情形。訪行政院
秘書長陳公俠兄，商討總裁手令注意萬一印度變化，防
西藏獨立一案。彼此認為應在青、康軍事有所準備，方
可應付機宜。

## 10月5日　星期一

上午八時參加中央紀念週。吳稚輝先生報告此次遊
覽河西敦煌之感想，應先開闢交通，然後纔能開始建
設。九時再訪朱一民兄，研究邊疆問題。彼此以為邊疆
各省，一切統一、一切認真，中央派往邊省人員則反
是。茲略舉其大者：（1）自由意志太濃厚，不願受管
束；（1）各有背景，忽略國家利益；（1）藐視地方人
士及政府；（1）貪汙；（1）無恆。以上種種行為，不
但引起邊人之輕視，且鬧出中央與地方之惡感。今後希
望慎選人才，尤其對于新調整後之西北加以嚴密注意，
勿蹈過去之覆轍。白健生約余及朱一民兄，及軍令、軍
政兩部次長晚餐，以西北軍事為研究之中心，均以為交
通困難、飲水缺乏、裝備不足，應積極加以改良與準
備，且將來入新疆部隊指揮官之人選十分重要，該指揮
官要有軍事、政治、經濟、外交、宗教之知識。

## 10月6日　星期二

上午八時出席行政院會議，決議綏境蒙政會指導長
官公署副長官朱綬光調蒙藏委員會委員，遺缺以綏遠傅
主席作義兼任。多年綏遠省府與蒙旗不能統一之糾紛，

至此得告圓滿解決。從此傅主席可以放手整理，而本會
對綏遠蒙旗亦便于處理也。午應顧毓琇、浦學鳳、吳文
藻、王化臣等公宴。晚七時孔副院長招待威爾基晚餐，
余參加陪客，係露天冷餐，各人自取食物。場內部署整
齊清潔，即外國露天冷餐，最好亦不過如是。

## 10 月 7 日　星期三

上午九時接見鹽源、鹽邊兩縣內九所（最大一所是
木里）土司代表諸閣善繼、繆若虛、秘書李君舫、顧問
傅春初等，彼等未經西康省府介紹，自動來渝，及自動
晉謁總裁後，經面諭與本會接洽者。不過土司制度在法
律上早已廢棄，但因交通不便，事實上仍然存在，現在
緬甸淪陷、康南吃緊，該處地居康滇邊區，關係較為重
要，且從遠方而來，自應優予招待也。戴季陶兄夫人靈
柩，暫厝于新橋華嚴寺，季陶兄特在該寺吃素念佛，擬
四十九日後下山進城。余偕許公武兄于上午十時往該寺
弔慰，午飯後回城。

## 10 月 8 日　星期四

蘇聯以四十個師團守斯達林各勒，德國六十個師
團，經一個半之久攻不下，雙方死傷慘重。以如此大兵
力及時間，在歷史上罕有之大會戰，雙方戰鬥精神，殊
可欽佩。如在帝俄時代，則早已潰敗，此次可見蘇聯主
義與組織之精神也。

## 10月9日　星期五

　　本月兩次與西康民政廳長冷杰生兄談話，據云劉主席云綜合所得情報推測，西藏有進一步惡化之可能，屆時將影響西康局勢，同時亦增加中央困難。劉主席所見正與余等素來所見相同，當即與杰生、纕蘅等擬議中對藏之目的。第一使西藏現狀不再惡化，第二使西藏就範，服從中央。為達到上項目的起見，應加強康、青兩省軍事之準備，及政治、宗教之運用為原則。中央素來對藏目的原則就是如此，今不過將此意請杰生正式電告劉主席，總之對藏關鍵在西康，但看劉主席真切態度如何耳。余與劉主席向來友善，對藏意見頗不一致，余深知對藏非以軍作後盾，已到不能對藏開口說話，故主軍事、政治同時並進，而劉主席則主先政治、後軍事。

### 記招待兩鹽土司代表中餐

　　本日（九日）午十二時，約鹽源、鹽邊（簡稱兩鹽）土司代表諸葛善繼等餐敘。據云兩鹽九所土司所管面積，東西約六百華里、南北約八百華里，至為廣闊，金、銀、銅、錫、鐵、煤礦皆有，原始森林甚多。而以木里土司地區為最大，木里以產金著名，民信佛教，其木里政治首領亦即宗教首領。蓋以土司而兼活佛者，土司不取妻生子，亦非若西藏活佛轉世，乃于辦公、修道之所外，別有所謂人種衙門，為土司兼活佛之世代家庭，內蓄男女，專司生育之事。如土司兼活佛去世，即由八僧代表，就人種衙門中選人繼任，萬世出于一門，亦從無爭奪之事。此項治度在世界政治上，亦別其志趣也。

## 10 月 10 日　星期六

昨夜腹瀉，有微熱，異常疲困，故未能起床，亦未能參加雙十節國慶典禮。午後忽引起胃痛，麗安力主服凡拉蒙，痛隨止。回憶廿九年秋夏之交，胃氣痛，經十小時之久，後請醫打針始愈，所打之針，大概是凡拉蒙一類藥品。當時我有凡拉蒙在身邊，可惜不知使用。更憶余自三十年前即有胃氣痛的病，當時治此痛之特效藥為茄蘭香，今則痛時較昔時長，而茄蘭香亦無效矣。可知年事已高，病根已深，只有隨時留心寒暖，使其少發之一法耳。再聞凡拉蒙不可多吃，更不可常吃。

### 記英、美放棄在華特權

英、美在我國慶日宣布放棄在華特權。所謂特權者，就是不平等條約，此種百年恥辱，一筆勾消。查外國人在中國享有不平等特權，計有以下數項：（1）協定關稅；（2）領事裁判權；（3）租界；（4）河內航行權；（5）傳教自由權；（6）駐兵權。這種特權宰制中國一百年，中國領土被分割，主權遭摧殘，經濟被壓削，甚且人民身體失自由，回想過去百年所受之慘痛，罄竹難書。今于抗戰第六年，纔由我們並肩作戰盟邦英、美，宣布放棄，我們真是喜慨交併。現在只有日本在華變本加厲之特權，我們今後要愈加努力抗戰，得到最後大勝利，消滅敵人在華特權，纔能算完全獨立主權國家。

## 10月11日　星期日

在百齡餐廳約冷杰生兄午餐，以青海、寧夏，趙、馬兩駐京辦事處長，及魯佩璋、楊月笙、曹纕蘅諸兄作陪。

## 10月12日　星期一

身體仍覺疲勞，故未能出席紀念週。午後本省中央委員方治、邵華、陳訪先來談，對于中央黨政未能滿意，希望余向中央進言，尤希望余提攜後進同志。安徽教育廳長萬拜甫兄到渝，特來見，報告本省教育。余力主辦大學。

## 10月13日　星期二

上午八時出席行政院會議，午後偕麗安回鄉。

## 10月14日　星期三

看國書病，他云已好轉，再有兩月可愈。大概病人對己病多是對好處看，我看仍未脫危險。

## 10月15日　星期四

西藏自拒絕中央測量中印公路，及中央修正西藏外交局案後，近更蠻橫欺侮漢人，且擾亂駐藏辦事處，使中央忍無可忍。這都是對藏有恩無威之結果也，如再無斷然處置之決心與表示，當然有更進一步之惡化。

## 10月16日　星期五

上午九時出席本會小組組長會議，余報告此次赴西
北之經過，及研究邊疆問題之重要與方法。末述中央尊
重本會，邊疆重視本會，今後責任更重，希望本會愈加
努力。

## 10月17日　星期六

午後偕兆麟、庸叔進城，過南開學校，看馴叔，並
送冬衣。故人張亞威兄之大女公子華璉小姐偕其未婚夫
朱世貫君來見，將于明日舉行接婚典禮，請余證婚。余
與亞兄既係好友，又係親戚、係小同鄉，不但證婚，
更當照料一切也。吳市長夫婦約晚餐，吳國楨兄日前
四十誕辰，特送皮袍一件，表示賀意。國楨年始四十，
而于三十左右即任漢口市長等要職，少年英俊，前途有
為。冷杰生、曹纕蘅兩兄來談，據云劉主席已有復電，
大意謂藏情惡化，自在意中，若無有效方法，慮難安其
反側。對于軍事夙有佈置，必要時再調兩團出關，分駐
適當地點。現在中樞既側重軍事，當敬謹奉行，倘有所
命，義無審顧等由。此電表示甚為切實，亦為從來所無
之表示，將使中央對西康之觀感為之一變，尤其使我對
西藏易于應付，感佩殊深。當將該原電轉呈總裁，並請
召見冷廳長，加以指示。至所陳軍事各節，請交主管
辦理。

## 10月18日　星期日

上午與喜饒嘉措格西談西藏近來情形，經一時半之

久，彼此所見大致相同。午後四時到百齡餐廳，為朱世
貫、張華璉兩君證婚，並晚餐。晚間中央訓練團王東原
兄來訪，據云中央命其辦國防研究院，特來請余供給材
料及介紹熟習邊疆人員，當即介紹周昆田與之見面，將
來幫來研究。

## 10月19日　星期一

　　上午八時出席中央紀念週。張文白兄報告政治部近
年來之工作，末云最近在西北親見士兵之生活，總括言
之，一個苦字而已。西藏四代表阿汪堅贊等來見，報告
藏政府來電，節稱漢人擊傷尼泊人頭角，警兵干涉，駐
藏孔處長拘捕警兵不放云云。而孔處長來電，明明警兵
到辦事處捕漢人，該藏政府顛倒是非，殊屬可恨。遂將
當時情形面告該代表等，並囑轉告藏政府，妥為保護辦
事處，一俟接到正式公文再答復。繼又談近一年西藏與
中央日漸遠離，若長此以往，真是不幸，希望西藏不要
發生其他變化，果爾，中央不能坐視。經一時半之久而
散。午後五時召開邊政學會理監事會，討論例案數起，
並指定吳文藻等七理監事，研究英國取消在華特權有關
西藏之件，遂聚餐而散，並約柯象峯等專家一同敘餐。

## 10月20日　星期二

　　上午八時出席行政院會議。討論土地問題，均以抗
戰期中，不能即時實行耕者有其田，應積極保護佃農，
因此決議戰時農地使用管理實施辦法草案。此亦過度之
一法也。

## 10 月 21 日　星期三

　　午十二時，在百齡餐廳約纏回堯樂博斯夫婦及其男女公子等七人午餐，兆麟、庸叔一同參加。查堯樂博斯在新疆服官甚久，經驗甚多，尤明大體，乃纏回中之佼佼者。晚七時餘有警報，余等仍至防空司令部防空洞，不多時，知是自家飛機由他方飛回重慶，而空軍司令部事先不知，誤認機敵來襲。

## 10 月 22 日　星期四

　　國民參政會第三屆第一次大會，定於十月廿二（本日）上午九時，在重慶林森路軍事委員會大禮堂舉行開會式，余偕周昆田、楚明善參加典禮。會場佈置整齊而嚴肅，蔣委員長有重大指示，大要如下：
（1）敵屢挫折，漸趨末路，我已著手反攻準備。
（2）惟自強纔能自由，惟自立纔能獨立。
（3）勝利無疑問，戰事多半是延長之局，堅苦篤實為努力要道，因循瞻顧必盡放棄前功。
（4）經濟第一，痛斥商界發國難財，望參政員協助推行法令。
（5）今後四大工作，改正風氣、平抑物價、集中財力、動員人力。
（6）瞻望國運，無限興奮，責任重大，勿負使命。

## 10 月 23 日　星期五

　　今日是馮玉祥先生于十八年前之今日用秘密而神速，出奇不意由熱河回師北京，拘捕大總曹錕，驅逐清

廢帝宣統出宮。這是中國政治上一件大事，因此馮先生特于今午約余等午餐，在坐有孔庸之、孫哲生、于右任、白健生、覃理鳴、徐永昌、許靜仁諸君在坐。午後三時在余住宅（平莊）約本會在城全體委員茶會，隨便談話，各人報告對邊疆意見與邊疆一般情形，至六時散會。此次談話多注意西藏問題之演變及軍事之準備，余之結語，對藏取寬大和平態度，但軍事確有把握。

## 10 月 24 日　星期六

西藏四代表阿汪堅贊等午後來見，持噶廈來電，稱經人民大會決議，請中央撤銷駐藏辦事處，及交還管理漢人權。因警察擾亂辦事處而小題大做，殊屬可惡，倘請撤辦事處，僅為請釋警察之要挾，或不致進一步惡化，否則必更擴大。余向四代表切實忠告，應從大者遠者看，勿因小故而生大事。更以中央數年來尊重佛教，並辦理十四輩達賴坐床大典，無一不是幫助西藏、安定西藏，現在達賴尚未成年，總希望西藏不要出事，否則真正對不起達賴。又告該代表等，蔣委員長手令要余嚴電噶廈妥為處理，並令其明白答復。余不願發表此令使事態擴大，望各代表速電噶廈覺悟，倘一再無理要求，則中央只有用最後手段。經談二小時之久。好在總裁已有決心佈置軍事，在未完成之先，當和緩一時也。

## 10 月 25 日　星期日

關于西康對藏軍事，轉呈劉主席致冷、曹兩電，奉蔣委員長批示，已交何參謀總長核辦矣，並約冷見面。

如此不但西康軍事意見一致，而劉主席與中央之政治，亦大大進步也。現中央對藏軍事已一致，而文人甚多書生之見也。晚六時在百齡餐廳設席招待新疆、青海、寧夏、綏遠以及蒙藏等邊疆參政員，計到盛世驥等卅餘人，賓主盡歡而散。

## 10月26日　星期一

上午八時出席中央紀念週。晚八時在軍委會大禮堂參加蔣委員長招待全體參政員晚餐。會後偕同文白兄至其公館，暢談邊事及余之出處諸問題。

## 10月27日　星期二

上午八時出席行政院會議，討論衛生問題甚久。余當即說明公務人員生活之困難，迭經政府救濟，惟生病醫治經費有出人意外之鉅者，情殊可憫。即以余的小兒日前生病而論，十數日用去三千餘元，深感吃力。特任已如此，其低級委任官可想而知，請孔院長、衛生署金署長，設法救救此等生病公務人員。出席院會同人，均表同情。午後參加林主席招待參政員茶會。

## 10月28日　星期三

上午拜訪盛參政員世驥等。又訪新由美國回來外交部長宋子文君，談西北、西藏邊疆問題，並告以如與美國談取消不平等條約後之新約，最大交點是西藏。在英國為鞏固印度，絕不肯輕易放棄，在西藏已得駐兵及商務等之特權，務請加以注意。因時間匆促，約下次再

談。辦理班禪善後專使趙守珏兄，業已任務完畢回渝，午後來訪，談及經費困難，余允代為請求。

## 10月29日　星期四

軍令部唐組長來談，青、康布置對藏軍事案已經總裁批准，余力主應注意該兩省現在及過去與中央政治之關係，萬不可發生誤會。談二小時之久。中央既已決定對藏軍事，但最快須六個月後方可完成耳。余並無對藏討伐之意，惟近數月來，欺人太甚，已使忍無可忍，只要西藏能覺悟服從中央，一切均易解決也。

## 10月30日　星期五

午十二時，在廣東酒家設席招待趙專使守珏、（蘭州）蔡市長孟堅、曹參政員叔實，榮、黃兩總領事等，並約偌子等作陪。午後參加孔副院長招待參政員晚餐會。

## 10月31日　星期六

參政會本日閉幕，余因時間來不及，故未前往參加。午後三時偕芋龕回鄉，過小龍坎，接襄、馴兩兒一同回鄉。迨至家中，已燈光輝煌矣。

## 11 月 1 日　星期日

### 今日上蔣總裁函辭蒙藏委員會委員長

余任蒙藏委員會已六年有餘，在抗戰期中，以安定邊疆為最高原則。自從親赴西藏辦理第十四輩達賴座床大典，收回國家主權，復有昨冬、今夏兩次西北之行，邊疆各省政治得以調整。現在康、青、甘、新、寧、綏各省當局一致擁護中央、服從領袖，素來之隔閡一律銷除，此乃民國以來邊疆未有之現象，不但安定大後方，即以邊疆整個政治而論，是很不容易得到此優良之結果。余既不用兵力，亦不用金錢，更不用策略，所用者，「真誠淡泊」四個字，及得中央與邊疆地方各當局之信任而已。現在余對邊疆政治已登峰造極，今後邊事，如西藏重在軍事、外交，至新疆固重在建設，而軍事、外交亦同時並重，此皆非余之責任所能及。尤以中央對于邊事意見不統一，掣肘之處太多，而各方對于邊事很少研究，歡喜唱高調及拉攏邊疆政客，一遇邊事稍為不順，必曰政治未辦好，或見好邊人。殊不知自古治邊離不開軍事，倘邊事能以政治得根本解決，則國家養兵何用乎？余深覺對于邊事不能行其志，更難負其責，故特上函蔣總裁辭職。其原函如下：

總裁鈞覽：

信感于邊政責任艱鉅，曾于去年五月呈請辭職，乃蒙鈞座賜電慰留。惟現在邊政建設百端待舉，信自問才力有限，證以過去六年之經驗，雖復竭盡所能，亦難續有進展，若再延長下去，不獨無補于國，抑且有負于公。用特掬誠懇求，另簡賢能，接替本職。信決非苟安

之徒，仍當隨時效力其他工作也。敬請

鈞安

　　　　　　　　　忠信敬上　　卅一、十一、一

## 11月2日　星期一

　　本會今晨紀念週，與本月月會合併舉行。余出席主
持，並報告此次赴西北之經過，末囑各同人研究邊疆學
術。國書病迄未好轉，亦未能起床，很難樂觀。昨日特
請寬仁醫院院長曾先生來鄉診治，據云尚在嚴重時期，
好在胃腸尚佳耳。

## 11月3日　星期二

　　近日腸胃不佳，又微有傷風，甚疲困。俞子厚兄偕
故友夏次岩兄女公子，及其夫陳慶之兄來訪，留午飯。

## 11月4日　星期三

　　現在經濟困難（物價飛漲）、政治腐敗，其總因不
外無是非、無賞罰，及政治機構龐雜，大家不負責任。
更加社會道德墮落，官兵無守法精神，因此君子則隱避
不遑，小人則毫無忌憚。這種情形若長此下去，其禍患
何堪設想，余雖澈底明白，而無才力足以挽回，亦只有
慚愧與長嘆而已。一般人還有不用心、不虛心之毛病。

## 11月5日　星期四

　　上午十時得城會電話，蔣總裁約新疆代表盛世驥等
午餐，約余作陪，隨即進城，準時前往。在坐除世驥夫

婦及盛小姐外，尚有張元夫、毛邦初、梁寒操、林慰文
等，蔣夫人親自出席招待。蓋余及毛、梁二君均係前次
與蔣夫人同往新疆者。飯後總裁約談話，先談西藏近情
及擬派喜饒嘉錯入藏事，末談余辭職事。余根據辭職原
函加以說明，不能再幹，他連說蒙藏委員會重要，不能
辭。最後余答曰，在未覓得替人之先，余仍當繼續維持
云。又接總裁慰留函，原文如下：

吳委員長禮卿兄勛鑒：

　　十一月一日函悉。兄規劃邊政，多協機宜，歷建懋
勛，此後推展，益深倚重，豈可遽言高蹈。務希打消辭
意，並請兄六日下午五時移玉面談，為盼。

　　　　　　　　　　　　　　　　　中正　戌微侍秘


## 11月6日　星期五

　　本日午後五時本擬應總裁之約，因昨午飯後已經面
談，故作罷。午後訪老友蔣雨岩兄，他患血壓高（有時
二百多度）一年半有餘，近數月來更嚴重，久臥床中，
勢將不起，然對于政治仍不能忘情，尚擬出席本月十二
日召開之十中全會。尤其是蔣夫人年輕，終日在傍服
視，更覺可憐。倘雨岩兄能自知人生若朝露，立即回頭
念佛，乃唯一安身立命之法也。


## 11月7日　星期六

### 英軍在北非洲大勝

　　最近同盟軍之英軍第八軍在北非大勝，俘獲甚多，
軸心軍之德、義大潰退。此戰于地中海關係十分重要，

或為同盟軍將經義大利反攻大陸之前奏，尤其是埃及轉危為安，以及穩定土耳其、西班牙之人心，可使整個戰局改觀。同時德軍在斯特林各勒及高加索均無進步，且有重大犧牲，時屆隆冬，益難有所發展。至南太平洋，美、日生死關頭有名之所羅門群島，迭次海、陸、空軍大戰，雙方損失都重，現時正在補充，預備繼續鏖戰。但戰事雖未分最後之勝敗，然取攻勢之日本未能得手，是無疑問的。就世界一般戰局測之，同盟軍形勢日漸穩固，明年當是同盟軍總反攻勝利之年，可為預賀也。頃又聞美國軍隊分在摩洛哥、突尼斯及其他菲洲重要各港口分別登陸，掌握整個菲洲、控制地中海，這是同盟國戰略大成功，勝利更有把握也。但現在菲洲軸心殘餘勢力，應趕速肅清，勿使死灰復燃。

## 11月8日　星期日

　　午後偕偌子訪陳果夫兄，談余此次辭職之原因及經過，並告蒙藏委員會在法律與事實均應參加國防最高會議，請他于十中全會，倘調整人事，予以注意。章嘉大師本日來渝，預備出席十中全會，午後來談。接見蔣委員長顧問拉鐵麼爾。

## 11月9日　星期一

### 記麗安與惟仁夫人起衝突

　　昨午十二時，麗安忽由鄉來城，自謂已闖禍，請余設法了結，問何故，答曰與惟仁夫人發生衝突，伊已準備好行李，要搬到方叔家居住。果爾，不成樣子，余當

即開誠佈公作長時之開導，大意：

（1）此次衝突，是你最失計一件大事，你在我家如同一盤棋，現在被下壞了，你如能澈底覺悟，尚有方法補救。

（2）這件事可大可小，可以擴大，不可收拾。

（3）這件事是我們家庭最不幸，更是兒女輩之不幸。

（4）我與惟仁夫人年事已高，兒女年幼。你是我家中間份子，上要服侍老人，下要教育兒女，家庭幸福全在你一個人身上。望你深加考慮，眼光放大，向後來看。

（5）我與惟仁夫人是患難夫妻，我對他是歷史、是人格絕對要尊重的，你嫁我時，我事先向你說明的，你是贊成的。

（6）今年春間，在廣西你與我大鬧一場，發生很大意見，我可以原諒的。你與惟仁衝突更使我難過，社會是不能原諒你的。惟仁夫人是社會上公認最忠厚的人，他對你非常愛護的。

（7）你不聽我的話，我有許多話不願向你說，亦不敢向你說，恐你發生誤會。以上所說的話，實在有不得已之苦衷。

　　昨晚方叔來電話，惟仁夫人仍要進城，余囑其暫緩，決定今晨請昆田陪麗安下鄉，約同叔仁調解。總之麗安個性太強，又好衝動，自今春在廣西與我發生意見，迄今未能恢復感情，此次又與惟仁夫衝突，真是我家大不幸。倘麗安不能澈底覺悟，今後演變有不堪設想者也。最後余只有兩條路可走：

（一）以身許國，一切家事不管，此兼善天下之說也。

（二）深山念佛，與家庭絕緣，此獨善其身之說也。

無論如何，余決不能受家庭之所累，更不能受女子所左右也。

　　本晚（九日）昆田偕方叔回城，云麗安已回家，與惟仁夫人雖見面而未說話，殊令我失望。麗安既知闖禍，為何不向惟仁夫人認錯，乃盡如此，真是不識大體。擬命方叔明晨下鄉，約同叔仁再向麗安忠告，並說兩項辦法：

（1）速向惟仁夫人認錯，和好如初，否則我是絕對不回家的。

（2）各人分居，但我為避免與麗安發生意見起見，是不能到他的住處。

　　我為何不娶有學問女子，而娶鄉下女子麗安，完全為實應家庭環境，就是尊重惟仁夫人、愛護兒女為唯一最高原則。現在麗安嫁我將近十年，意見日深。這次就是與惟仁夫人和好，而我們二人今後感情，仍應加以積極調整，謀家庭永久之幸福，否則敷敷衍衍，結果仍是決裂。其調整方案，不外合、分、離三字而已。如麗安能覺悟，絕對聽我的話，認過去在蘇州逼我，以及在廣西之大吵鬧是錯誤（我對這兩件事，在過去不願使外人知道，就是日記中亦很少記載，本想消滅無形也），我一定十二分誠意原諒他，自然加強合作，成為和暖家庭，否則各人分居，如分居仍不能安，最後只有脫離之一途耳。果真到這個地步，真是我不得已的傷心事。何去何從，就在麗安之一念，我對麗安毫無惡意，可以問

諸天地鬼神。近兩夜失眠，精神大為不振，都是自作自受，自討煩惱也。

## 11 月 10 日　星期二

上午九時出席行政院會議。午後黃朝琴兄來談國際形勢，並研究西藏問題。

## 11 月 11 日　星期三

上午分訪張文白、陳光甫兩兄，談我此次辭職經過，因彼二人甚關心此事也。晚七時，參加蔣委員長夫婦招待英國國會議員訪華團晚餐會，列席二百餘，均係黨、政、軍高級人員。餐後奏國樂以助興，蔣委員長與英議員均演說。英議員出國訪問，乃是創舉。方叔由鄉回城報告，麗安經叔仁之勸告，今晨已招呼惟仁夫人，聞之甚慰。惟仁夫人因生活太高，不願分居，並云可以忍耐，一切真是識大體、顧大局。但惟、麗之爭既告結束，而余與麗安情感未能融洽，仍當繼續勸告，要澈底覺悟，以聽我話為唯一之原則。

## 11 月 12 日　星期四

今日適逢先總理誕辰，于上午九時舉行十中全會開幕典禮。總裁主席，並訓話，大意：
（1）本黨暮氣沉沉，官僚行為。
（2）改革黨務、健全黨務、整頓黨務是此次會議之精神。
（3）從前革命，沒有政治、軍事之掩護；現在革命，

沒有政治、軍事就不能革命了。

（4）社會、教育、黨務都要武裝起來，所有紀律組織
　　　等等，就是我們的武裝。

禮成後，休息十分鐘，接開預備會議，會期定兩星期，
即散會。午十二時，奚東曙兄在勝利大廈約余及倍子、
昆田、芋薈午餐，菜極豐富，在抗戰期中，少有食品。
午後四時，參加宋外交部長招待英議員訪華團茶會。回
拜拉鐵摩爾。

## 11 月 13 日　星期五

清晨訪陳伯蘭兄。午後出席全會政治組審查會，余
分在第四小組，審查行政機構。

## 11 月 14 日　星期六

上午九時第一次大會，聽取黨務報告，十二時散
會。午後三時再出席，繼續黨務質詢，六時半散會。

## 11 月 15 日　星期日

上午與喜饒嘉錯作長時間之談話，決定現在回青
海，明年春暖赴西藏一行。午間約喜饒及章嘉活佛等午
餐。午後接見西康省黨部主任委員冷曝東兒，是杰生兄
胞兄，他深以西康力量薄弱可慮。

### 記托叔仁兆麟勸麗安

沈兆麟弟很知道我與麗安感情之經過，特請其昨
日下鄉，會同叔仁先生向麗安切實忠告。兆麟今晚
（十五）回城，據云麗安已接受忠告，今後絕對相信

我，絕對聽我話。能如此迅速得到圓滿結果，誠不幸中之大幸。茲將與叔仁先生往來函錄于後。

仁叔賜覽：

為謀家庭永久幸福，計我與麗安感情，即須加以調洽。麗安要承認不聽我話之錯，今後要變更心理，要絕對聽我的話，我負一切責任，否則合居無幸福，只有分居。我決無勉強麗安之意，完全出于自然之道也。餘由兆麟弟代告。

禮卿　十一、十四

叔仁先生復函于後。

禮公：

十四日手示敬悉。仁迷與阿姨談話，渠已感覺過去不當，今後當然聽先生的話，家庭感情極易融洽，請勿罣壞為禱。俟舍間小孩傷風稍愈，即來渝承教。

叔仁拜啟　十一、十五

## 復叔仁先生函

仁叔賜覽：

兆麟回城，帶來賜書。知麗安自知過去之錯誤，今後聽話，從此家庭幸福增強，甚慰、甚慰。信俟全全會閉幕後即回鄉，並聞。

## 11 月 16 日　星期一

上午九時出席紀念週，蔣總裁領導行禮，並訓話。大意：

（1）審查黨政工作之注意：

（甲）已決者是否已行。

（乙）已行者是否完成，或完成幾分。

（丙）行不通者，應如何改善。

（丁）推行之機構，有何缺點。

（戊）工作之主官是否盡責，並應如何獎懲。

（2）中央黨政機構應加以調整，要合理化，決定應裁
　　應併之機關。

（3）局外人批評本黨上層有黨，下層無黨；都市有
　　黨，鄉村無黨；為私有黨，為公無黨。

（4）所有迭次決議及一切法令規章，多不實行，都是
　　虛的，負責精神不夠，歸納精神亦不夠等等。

紀念完成後，休息十分鐘，開第二次大會。蔣總裁主
席，孔委員庸之代表國防最高會議報告整個政治時，英
國議員訪華團入會列席旁聽，總裁致歡迎辭，英議員四
人分別答辭。外國人入本黨大會場旁聽及歡迎，尚屬創
舉。十二時散會。

## 11月17日　星期二

　　現在物價有無減，為各方所重視。今日上午九時第
三次大會，動員委員會常務委員賀耀祖兄報告此項問題
後，同人多有意見發表，未得結果。十二時散會。午後
三時繼續上午大會，經研究結果，加強統制物資，勢在
必行。將大會各人意見送交審查會，再提大會。在午後
開會之先，秘書長報告美國在所羅門群島海戰大勝，全
場鼓掌。雙方損失均重，計日本損失戰鬥艦一只、重巡
洋艦三只、輕巡洋艦二只、驅逐艦五只、運輸艦八只，
上上均被擊沉。又戰鬥艦一只、驅逐艦六只受傷，軍隊

損失二、三萬人。而日本亦自承戰鬥艦一沉一傷。美海
軍英勇可風，以坐艦衝入敵隊，因此卡加漢、史各脫兩
少將及楊格上校陣亡，此次戰事之猛烈，可想而知，敵
人不甘心，必再來犯，同盟軍應格外注意與努力。

## 11 月 18 日　星期三

上午九時出席大會。軍政部何部長報告軍事，經三
時之久，結論就國際大戰態勢判斷，同盟軍必定最後勝
利。午後二時出席審查會。晚七時應糧食部徐部長可亭
宴，在坐張溥泉、焦易堂、覃理鳴、王用賓、張知本、
傅汝霖諸位老同志，張厲生同志亦參加。

## 11 月 19 日　星期四

上午九時出席大會。國防最高會議黨政考核委員
會報告卅年度考核黨政工作，及大會同人之質詢，十二
時散會。

## 11 月 20 日　星期五

上午九時出席大會，四川、浙江、安徽三省黨政
工作報告，十二時廿分散會。午後三時出席政治組審
查會。

## 11 月 21 日　星期六

上午九時出席第七次大會，聽許福建、甘肅、廣東
三省黨政報告。下午三時出席第八次大會，蔣總裁主
席，議提為黨政工作總檢討，並以健全下層黨部及恢復

革命精神為檢討之中心。各委員自由發言，都集中于中央黨部，不滿意之言論甚多，有云本黨頭足均好，就是中間不通；又有云下級黨部只要侍候省黨部幾位委員，省黨部委員只要侍候中央幾位先生，中央幾位先生只要侍候總裁，就算好了；又有主張實行總理遺教、民主集權制、施行選舉制者，議論紛紛。各委員如此露骨說話，為迭次大會所沒有，而當蔣總裁面如此說話，更是少有，經二小半之久。最後由總裁說一結論，大意：

（1）中央常務委員可用選舉制，其他地方黨部亦可用民主集權予以選舉。

（2）小組會議甚重要，今後總裁親自出席小組會議。

（3）黨政不可分離，今後以行政人員擔任黨務工作。

（4）各省社會處由省黨部委員兼任。

（5）以後黨政工作對象，應以總理實業計劃定一個對象，以義務勞動為入手。

（6）下級黨政人員待遇太低，明年預算要增加。

（7）先有軍事，後有政治，是政治來源，所以黨政組應合于軍事。如陸軍師長，通常只可指揮六個單位，多則精神照管不到，黨政組織亦應如此。

以上所示各點，大都與余所見相同，政治組織軍事化，更是余之一貫主張。現在很多人說黨政人員官僚化，其根本原因就是本屆中央委員多半是由現任官吏及有利害關係者選出。即以余而論，是由任貴州主席當選為中央委員，否則余雖革命卅餘年，與夫有直線而無橫線之唯一苦幹革命黨，亦難當選也。

## 11 月 22 日　星期日

上午九時訪谷主席正倫。十時參加老友楊滄白先生追弔會，後訪陳光甫兄，即在光甫家午餐。適前外交部長郭復初兄亦住在光甫兄家，連同訪郭之張知本、胡令予一同午餐，暢談國際形勢及大戰近情，均認為盟軍必能最後勝利。

## 11 月 23 日　星期一

上午九時出席總理紀念週，蔣總裁主席並訓話，大意：

（1）此次全會最大進步，是注意下層黨部。

（2）無論如何，法令規章要以能實行于基層機構為原則，基層組織更要合理化。

（3）黨、政、軍最大毛病是不合作，中央與地方不可分。

（4）黨員通常站在第三者地位，不負責任，官僚幹法。如此不但要亡黨，而亡國。

（5）現在只有分工，沒有合作，今後要互相規勸，不要背後說小話。

（6）黨政打成一片，要從下層做起。縣黨部經費及人員須調整，今後縣黨部書記長可兼縣長，縣以下鄉村鎮長兼辦黨務。下層黨、政、學三者要連合，最要注意是中心小學。

（7）今後工作總目標，建設總理實業計劃為對象，拿地方自治做基礎，就是新縣治，建設鄉村（或農村），組訓民眾。

（8）目前最緊要工作，解決經濟物價問題，請諸位多
多研究。

蔣總裁訓話完畢後，休息十分鐘，開大會，聽各省黨
政報告，十二時散會。下午三時出席大會，仍各省黨政
報告。

## 11 月 24 日　星期二

上午九時出席第十次大會，貴州、雲南、西康、重
慶、江蘇、上海黨務報告。午後討論主席團所提建設西
北案，多是原則。行表決時，因總章規定執行委員缺席
時，由候補執行委員替補，有表決權。主席團則謂，總
章雖有規定，而在向來慣例均未實行，爭論甚久。結果
由主席團考慮，再向大會報告。德國攻蘇無進步，現屆
隆冬，更難有所發展。益以北非軸心形勢吃緊，歐西佔
領區危機四伏，不得已由東歐撤兵，控制西歐，增援北
非。因此蘇聯趁勢反攻，德軍在希特林各勒一帶損失頗
巨，蘇聯形勢益加穩固。

## 11 月 25 日　星期三

上午九時出席第十一次大會，討論關于改革教育制
度案。原提案主張將現在小學六年、中學六年、大學四
年，改為小學五年、中學五年、大學三年，廢除寒暑
暇，全場大多反對。余以為小學教育責任在家庭中，中
國家庭尚待改良，以小學六年，實在不多。中學可以縮
短一年改為五年。至大學應以科目及性質規定年限，如
文科可以三年，其他理科、醫科等等可以四年或五年，

甚至六年均無不可。但寒暑暇只可減少，萬不可根本廢
除。午十二時散會，至中央黨部便餐。餐後出席政治組
審查會，時至三時，出席第十二次大會，蔣總裁主席政
治總檢討，各委員自由發言，總裁亦有指示，另錄。晚
六時應本省參政員光明甫等六人公宴，係招待李長官德
鄰、白部長健生、李主席鶴林等。八時至中央黨部看有
關同盟國抗戰影片，深知吾國工業落後，一切科學更無
進步，一切有關軍用物品與英、美相比，何可以道里計
也。吾人如不覺悟，雖戰勝日本，亦無法建設國家，瞻
望前途，令人杞憂。十時半回家。今日工作接連，十四
小時未得休息，尚可支持，不感疲勞。

### 錄蔣總裁今日（廿五）在大會指示之大要

（1）中央對于各省是信任的，並不歧視的，地方好象
中央派人到各省是監視他的，這是不對的。而中
央派人到各省，待遇太高，亦是不對的。中央派
到各省人員，應受政府監督指揮，省政府要負責
任，要檢討自己對不對，為何青海、寧夏可以指
揮監督中央派往之人員。

（2）軍隊糧餉都是一樣，有許多吃的飽、穿的暖，為
何有許多受饑寒？就是軍隊長官不得力，地方長
官不幫助，亦是各部會辦理之不善。應該中央與
地方打成一片，否則長此以往，中央總有一天無
辦法。

（3）中央辦事太遲慢，發給經費更遲慢，應從速改良。

（4）考核委員會雖有成績，但未能積極推行行三連制。

（5）裁併機關及人員必須澈底做到，否則政治前途是無

希望的，須裁下四分之一人員，可以送到邊區。

（6）有人說本人手令太多，但對軍隊及行政院是有手令，對其他各部會並無手令，有的也是意見，也是手條。

（7）軍事、政治各長官對部下、對人民不必太矯養，現在各長官對上多盡量苛刻要求，對下十分寬縱。一切要求中央是亡國辦法。

（8）監察機關太多，多未能發生作用，反使地方討厭，要切實改進。

## 11月26日　星期四

上午九時出席大會，討論普通議案，十二時散會。午後三時出席大會，討論設立經濟作戰部，挽回當前物價高漲之危機，並將原來之經濟部改為工礦部。討論甚久，有贊成立，有反對成立，然反對者多不得結果，遂即散會，留下次討論，大概不能成立。余以為成立也好，不成立也好，總以能平抑物價，不再高漲為唯一之原則也。

## 11月27日　星期五

上午九時出席大會，通過對黨務、政治、軍事、教育、財政、經濟、交通、糧食、農林、水利、國家總動員會議、行政三聯制等報告之決議案，十二時散會。下午三時出席末次大會，蔣總裁親自主席。首先討論將司法所管之司法行政部改隸行政院，再討論大會宣言，標舉今後努力之道：

（一）確立國際政策；

（二）加強抗戰力量；

（三）確立建國要務；

（四）集中建國意志等等。

又決定以糧價、鹽價為標準，規定其他物價。惟望如願以償，究竟能否辦到，尚是疑問，這是當前最重要之問題。繼之蔣總裁訓話，大意：

（1）各機關要充實，不可空虛，不可遲頓，凡事愈快愈好。

（2）關于機構人事、經費，都要簡單明白規定。將此次大會決議案貼在公事房，切實施行。

（3）怎麼樣教做官僚，就是一切不負責任，爭權奪利，遇事推諉，恐怕接怨，這就是官僚。各長官對部下、對民眾萬不可討好。管子云：「以死教民強，以勞教民富」，反言之，以逸教民弱。這是很好的話，又說我們是官僚，不是人家說的，都是自家人說的，互相麼擦、互相責難。此次開會回去，如有人問大會情形如何，必曰吵鬧一場，再問總裁如何，必曰受人矇蔽。這樣對自家人說壞話是要不得的，須知黨亡亦亡，黨存亦存，倘同人心理不轉變過來，則前途是沒有希望，同事中要隱惡而揚善，互相勸勉云云。

訓話完畢，為實行民主集權制之精神，開始選舉中央常務委員。休息十五分鐘即開票，陳果夫、何應欽、孔祥熙、張厲生、白崇禧、宋子文、鄒魯、葉楚滄、丁惟汾、李文範、馮玉祥、陳濟棠、吳忠信、潘公展、鄧家

彥十五人當選，其他五院院長居正、戴傳賢、于右任、孫科為當然常委。余當選為常委，尚是初次，而常委用選舉制，亦是初次。常委責任甚大，于全會閉幕後，其中央黨務最高權統由常務委員行使之。以余革命歷史，受之無愧，以余才能，深感不足。遂即舉行閉幕典禮，時已七時卅分矣。

## 11月28日　星期六

上午八時接見朱子貞父子。朱合肥人，故友衛少三（本良）先生之外甥，而少三之父即是淮軍有名人物衛汝貴（德三）先生。朱本過寄少三為嗣子，迨少三去世，衛府不准歸宗。子貞現在軍隊服務，生活維艱，頗多感慨與悲傷。余與之初次見面，但為故交計，不得不勸其一切忍耐，一切不不可衝動。晚七時，參加蔣總裁招待全體中央委員聚餐會（在中央黨部），餐後開放電影助興，十時半完畢。

## 11月29日　星期日

上午八時甘肅谷主席來訪，談西北建設問題，以為建設甘肅必須針對甘肅政治外圍有適當掩護，谷深感責任重大，不易應付。午後訪西康省黨部主任委員冷曝東君，談西康黨、政、軍各種情形，深覺西康力量薄弱，危機四伏，亟須加強防務。

## 11月30日　星期一

上午九時出席中央紀念週，林主席、蔣委員長分別

訓話。十時洪陵東、葉秀峰、蕭吉珊三中委來訪，洪詩文、書寫均佳。午後三時行政院召集各部會長官及各省在渝主席，于十中全會通過之議案，其與各省有關者再切實討論。蔣委員長親臨主席，指導一切。

## 12月1日　星期二

　　清晨拜訪李長官德鄰、黃主席旭初、李主席品仙。李今日飛桂林，經皖南回立煌。余告李云，余以皖人資格及與廣西友誼，閣下如須本人幫忙之處，當盡力協助也。在過去，余對李氏很少熱情表示，恐有人誤會余與李氏未能融洽也，故特有此表示。上午九時出席行政院會議，並有福建、浙江、廣西、湖北等省主席列席旁聽。因十一時為陳靄士、黃衡秋等九人招待虛雲老法師午餐，屆時院會未散，特先請暇退席，即往羅漢寺，應陳等之素餐。查虛雲老法師年九十二歲，湖南人，相貌清秀，德高望重，牙齒落而復生，真是稀有之事。老法師向駐廣東曲江南華寺，此次由林主席、戴院長等邀請來渝，修大悲道場，超度死難同胞、陣亡將士。晚七時于院長約晚餐，談西北形勢及國防情形，至十時半散。

## 12月2日　星期三

　　清晨接見劉道行君，安徽人，上海大學畢業，蘇聯中山大學畢業，頭腦清楚。此次由皖來渝，擬謀安徽省參議會副議長，託余向當局進言。遂決定與馮煥章、許靜仁、張文白聯名致函行政院孔副院長、中央黨部吳秘書長，因彼等專辦此事也。上午九時偕麗安、昆田回鄉。

## 12月3日　星期四

　　上午到會辦公。西藏自蔣委員長向駐渝總代表阿汪堅贊告誡後，現在噶廈來電，較為和緩，表示尊崇蔣委

員長，反對孔處長。這是西藏一貫狡滑幹法，如我政府認為事態緩和，不積極佈置青、康軍事，不久當更有嚴重之事件發生也。

## 12月4日　星期五

現在本會對外既得各方面之尊重與協助，而會內各職員多有因循敷衍塞責者，以致會務廢弛，亟應加以調整，方可維持現狀。本日上午九時特召集科長以上職員舉行業務檢討，並以政務推進、事務整飭為檢討之中心。首由余報告十中全會之經過及總裁在全會迭次指示，次由各處室負責之處長、主任分別發表意見。至十一時半停會午餐，午後二時繼續檢討，最後由余作一結論。規訂很多很好之原則，因時間不及一一決議，乃交由各處室負責人員審查，從長研究，作成具體方案，切實施行。此種檢討由余親自主持，經一日之時間，尚屬初次。惟經此次之檢討，會務當然可以改良，可以推動，是余所最希望者也。午後五時散會。

## 12月5日　星期六

現在家中尚和氣，如能進一步相忍相讓，必可恢復原有情感，或較從前更進步，亦有可能。前任家庭教師何玉貞女士午後來看申叔，何現在審計部服務。

## 12月6日　星期日

午後偕昆田進城。晚六時約新疆盛主席之五弟世驥及新疆代表張元夫兄晚餐，並約顧次長毓秀等作陪。世

驥明日飛新，特備禮品數種，託世驥帶新送盛主席。因
余前上次赴新，盛主席所贈之禮物甚多之故也。

## 12月7日　星期一

　　上午九時參加中央紀念週後，余首次出席中央執
行委員會第二百十五次常務會議，暨國防最高委員會
第九十八次常務會議（照例中央常務委員出席國防會
議）。兩次會都是蔣總裁親自主席，通過要案甚多，關
于黨政首長亦有調動。茲彙誌如下：

（1）派張道藩為中央宣傳部長、程中行（滄波）為中
　　　央宣傳部副部長。

（2）派張強（君毅）為組織部副部長。

（3）國防最高委員會增設副秘書長一員，派甘乃光
　　　充任。

（4）派狄膺為中央執行委員會副秘書長。

（5）派陳儀為黨政工作考核委員會秘書長。

（6）派雷殷為黨政工作考核委員會政務組主任、李基
　　　鴻為副主任。

（7）任命張厲生為行政院秘書長。

（8）交通部長張嘉璈辭職照准，遺缺以曾養甫繼任。

（9）內政部常務次長雷殷另有任用，遺缺以李宗璜
　　　繼任。

（10）外交部政務次長傅秉常、常務次長錢泰辭職照
　　　　准，遺缺以吳國楨、胡世澤繼任。

（11）重慶市長吳國楨另有任用，遺缺以賀耀祖繼任。

以上人事更動，醞釀于十中全會之前後，而決定于今日

之會議，足見考慮之週詳，並非出之倉卒。此次調動，
不失為抗戰以來黨政機關之人事重要變遷，而使人有一
新耳目之感。而新任之人員，更負有十倍于往常重大使
命也。午十二時蕭吉珊兄約午餐，有陳伯蘭、香漢屏、
俞漢謀在座。午後三時與陳果夫兄談此次余當選為常委
之經過，我雖未有運用，他實從旁幫忙，深為感激。晚
七時，邊政學會吳化臣、蒲學鳳、王化臣、許公武、奚
東曙、周昆田、李芋龕等研究西藏外交問題，並聚餐。

## 12 月 8 日　星期二

　　廣西黃主席旭初今日回桂，特于上午八時前往送
行。九時出席行政院會議，通過要案甚多。據孔兼財政
部長云，現在法幣發行已至最高峰，雖尚未至惡性，而
情形已至危險階段，望大家注意。茲舉例言之，如早已
放空襲，現已至緊急警報，稍頃，敵機將臨上空，即須
入防空洞，其危險可想。午後訪交通部張部長公權兄，
他與我在行政院同事六、七年之久，感情素洽，今將交
代部務，余特往訪，加以慰勉。查公權兄精明強幹，自
長交通部以來，辦事有方，尚無遺誤。他本是銀行專
家，中國銀行之基礎，皆公權兄當年改造之結果也。

## 12 月 9 日　星期三

　　虛雲老法師本日在南岸慈雲寺、新橋華嚴寺兩處，
各舉行四十九日大悲法會，于上午行開壇典禮。余與芋
龕于九時半過江至慈雲寺拈香，道場佈置整齊嚴肅，而
老法師精神健旺，尤為難得。余私人捐助法會國幣參

仟元，並送老法師藏香、舍利子、陀羅經、藏畫、佛像
等，聊表敬意而已。午後會晤青海省黨部書記長薛文
波、西北第七分校副主任邱雨菴，伊新任駐印度國軍軍
長，特來謁余，詳詢印藏情形。邱年力富強，一望而知
可以辦事。蕭紉秋兄由香港脫險，偕吳和生兄于本晚安
抵重慶，下榻余寓。適是時余約冷曝東兄便飯，藉此為
蕭、吳兩兄洗塵，亦是快事。飯後與紉秋兄暢談，據云
日本海軍如損失至三分一，或須與英、美講和，而陸軍
侵略大陸是意中事，應該注意。又云王季文兄自香港倫
陷，其精神與物質慘遭失敗，因此神智不定，大有神精
病之模樣，舉措難免失當。

## 12月10日　星期四

清晨訪行政院陳秘書長儀（公俠），商議總裁交下
核議建議解決西藏主張一案呈復文。又因公俠兄即將就
任考核委員會秘書長職，伊與余在行政院同事時間雖不
久，而感情深為融洽，故藉今朝之晤，略表暫別之情。
回訪張強、潘公展、鄭亦同、田昆山、劉真如諸兄，除
劉是河南省黨部主任委員外，其餘均是壯年人，中央委
員負黨中實際責任者。

## 12月11日　星期五

軍令部劉次長為章來訪，商議對藏軍事。彼此所見
相同，決以青、康原有軍隊，增強對藏防務，一俟簽請
總裁批准後，即下令青、康當局速辦，並允將來將此項
命令底稿抄閱。醞釀二、三年之對藏軍事佈置，至此方

告一段落，尚望有關各方努力，迅速完成，勿成畫餅，是為重要。倘早在一年前有此主張，則西藏欺侮中央，何致若是乎。晚間鄭亦同兄來談西北建設，以及一般黨的問題。

## 12 月 12 日　星期六

清晨往看蔣雨岩兄病，已能室內行走，較前大有進步。惟經此次重風大病以後原氣大傷，仍須加意調養，否則可以隨時加重，乃意中事耳。

## 12 月 13 日　星期日

連日與蕭紉秋談伊此次在香港脫險之經過，深知蕭與王季文兄意見太深，而吳少祐亦與季文意見相左。但蕭、王、吳均是余之朋友，我只得不偏任何方面，勸蕭不為已甚。如季文兄在港行動有關黨國利害，可以報告總裁，其他無關得失之言論，可以少說，更表示對人要寬恕，對己要反省。而季文神精過敏，主觀太重，是其一生大病，余與季文感情雖佳，而政治主張素來難同也。

## 12 月 14 日　星期一

上午九時參加中央紀念週，後出席中央常會，通過例案數件，十二時散會。午後會晤段熙仲、段子駿昆仲，均是家鄉後進，學有專長。子駿美國留學，擬謀信託局事，託余進言，當允照辦。又晤中委趙允義兄，綏遠人，性情忠厚，是邊省忠實之同志。

## 12月15日　星期二

上午九時出席行政院會議。據軍事當局報告，蘇聯軍事確有進步，如莫斯科與列林各勒交通已通，中路將向斯模林斯克進攻，南路斯特林各勒尚在激戰中，德軍後退。至北非戰事，兩軍在突尼斯鏖戰，軸心退出北非是時間問題。又通過例案數件，十二時散會。午後二時半回鄉。

## 12月16日　星期三

同鄉盛士恆兄來訪。余任安徽主席時，他任六安專員，現在政治部服務。

## 12月17日　星期四

中央既推行行政三聯制之考核制度以來，一般黨政確有進步。本會內亦有此項制度之組織，向由國書主其事，伊既已久患肺病，不能辦事，昨改派方秘書家異擔任，如能認真考核，則會務前途可期。現當改組之後，特于今晨開會檢討，余親自出席訓話，加以勉勵。申叔兒讀書最難得的事是自動用功，不要家人煩神，使我歡慰。惟身體太弱，近一年雖無大病，而傷風、發熱、咳嗽，時所難免，昨夜又發熱至卅九度九，于午後請侯醫診治。

## 12月18日　星期五

余決整飭蒙藏委員會業務，其一般業務固屬重要，而在目前有三事最堪注意者：（1）建全人事制度；

（2）加強研究學術；（3）推行考核工作。如能切實辦理以上三項，會務自然而然大大發展。能否得此目的，完全在人事室、研究室、考核委員會三個機構同人能否努力及盡責為定耳。

**記羅佶子兄復其夫人函中大意**

近二、三年來，物價飛漲，有超過戰前百倍者，而農、工、商各界，不但未受影響，且多更加發財，其最受影響、最感壓迫是行政人員以及學校、軍士，如長此以往，誠有令人不堪設想者也。羅佶子先生夫人現住桂林，兒女眾多，感覺生活、醫病、教育均成嚴重問題，特將為難情形函告佶子先生。據佶子先生告余復其夫人函，云上帝並未規定每人必入學校，上帝並未規定病人必入醫院，上帝並未規定一人每天必喫兩頓飯云云。話雖不免理論，不近事實，但意義甚深，其一般生計之危艱，可以想見。

## 12 月 19 日　星期六

本日上午十時在本會會議室開市黨部第五區區黨部黨員大會，改選第一、二、三區分部下屆執、監各委，並積極計劃開展黨務工作。余如時出席訓話，首先報告十中全會總裁訓話之要點，次述本黨之歷史及黨員應盡之責任，各同志之間應互相規過、互相勸善、互相研究、互相批評，尤重自我批評，以期得到精誠團結，為全民謀福利之目的。約四十分鐘完畢，繼由趙副委員長訓話，再討論提案，至十二時暫時停會。午後三時繼續開會，選舉區分部執、監各委。蔣兼行政院長通電各省

市政府，從卅二年一月下半月起實施日用品限價，以上月（十一）卅日市價為評定標準，特重民生重要必需品（如糧、鹽、食油、棉花、燃料、紙張）及運價工資，違反法令，擅自抬價，軍法懲處，無論有何艱難，均必本決心毅力，澈底做到云云。查過去平抑物價辦法甚多，惜未能收效，甚望此次破除情面，大公無私，完成任務，否則鄉村貨物不到都市，或貨物外逃變成經濟危機，更難應付。

## 12月20日　星期日

上午九時偕惟仁夫人進城。過山洞時訪居院長覺生夫婦，據居云總裁有令，說最高法院有一萬多案件未結，而又自覺內部不洽調，因此擬辭去院長云云。余答謂總裁對于我們老同志素來愛護，尤其對居先生、林先生（主席）、于先生等更尊重，總裁此次說高法院事，正是對于居先生表示有好感與信任，望打消辭意為安。至于最高法院集案，應查明是否有意拖延，抑係因證件未全及其他事宜之所致，可用很老實態度呈復。再內部若有未洽之處，可以設法調整也。又過小龍坎，至南開學校看馴叔，同往教育學院，約襄叔一同至磁溪口午餐，因馴叔等在學校生活太苦之故也。飯後送馴叔回校，偕襄叔進城。新疆聘請之大學、中學教員胡煥庸等二十餘人，已動身前往者數人，其未動身前往者亦將起行。余特于午後六時在卡爾登餐館為彼等餞行，並致辭。大意新疆在西北重要性，如國防、經濟以及特殊情形，到後應該注意之點：（1）只談教育，不談政治；

（2）多做事，少說話，更不可有所批評；（3）尊重邊
人習慣；（4）飲食起居隨時謹慎。

## 12 月 21 日　星期一

上午九時出席中央紀念週。何參謀總長報告抗戰以
來陸軍衛生設施概況後，蔣總裁致辭。謂卅一年度將
終，黨、政、軍設施均多進步，各院部會尤宜于此數日
內分別檢討一年進度得失，俾得明年改進張本。又卅二
年施政應以完成復員準備為標準，黨、政、軍、社會各
方面均應以此為目標，共同邁進。至各機關人員裁減，
務于最短時期間實現，而勤務雜役尤應首先儘量裁撤，
最少須各裁減四分之一，以經濟人力云云。又交通部長
曾養甫、行政院秘書長張厲生、交通部政務次長徐恩
曾、外交部政務次長吳國楨，及監察院委員葉元龍等，
于中央紀念週後舉行宣誓就職。上午十時半出席國防最
高會議，蔣總裁主席，十二時散會。于此會發表曹纕蘅
兄為立法委員。午後三時訪駐英大使顧維鈞兄，談西藏
外交問題，因時間不夠，約下次再談。

## 12 月 22 日　星期二

上午九時出席行政院會議。蔣兼院長主席，行政院
新秘書長張厲生、新外交部長宋子文、新交通部長曾養
甫到任後首次出席，尤以宋氏出席為最難得，其他各部
會長官亦均出席，如此齊全院會尚屬少有。在過去謠
傳宋部長與孔副院長意見不合之說，因此次共同出席院
會，形勢上很可表現團結。經濟部翁部長文灝晚七時來

訪，暢談中央政治，認為有組織之各方面各自為謀，非
國家之福。查翁先生是有名科學家而深通政治者，尤以
科學家而中國文學有根底為最難得，其他心氣和平、經
驗豐富等優點甚多。在現階段政治舞台上，如翁者可謂
有辦法之人才也。

## 12月23日　星期三

上午九時接見蒙古代表蘇呼得力等。十時偕惟仁夫
人及昆田回鄉，過賴家橋，至陳家橋政治部訪張文白
兄，留午餐，有易君左夫婦在坐。今日與文白兄談話大
意如下：

（1）設立安徽大學是余素願，今日特與文白談此事，
　　　均以現在安徽本年有高中畢業學生約千人，無處
　　　升學，加以敵偽勾引青年學子，非辦大學，不足
　　　應付當前環境。決定由余與文白、馮煥章、徐靜
　　　仁，摺請總裁轉飭教育部籌辦。

（2）關于西北建設及余之解決西藏之主張，並擬于民國
　　　卅二年完成西藏任務。現在邊疆即須大員負責，
　　　文白兄如不畏艱苦而有興趣，可擔任一方面。

（3）文白兄云此次中央黨政人員之調動未能盡善盡
　　　美，如交通部、宣傳部新部長，其才能不及舊部
　　　長張公權、王世杰。至改選中央常務委員，潘公
　　　展當選，其聲望不足服眾。本人亦是改選名單上
　　　候選人之一，因事先毫無所聞，故未注意，但以
　　　政治部長資格可以列席常會的，而某方早以知道
　　　改選名單，故有運用與準備云云。余答云總裁能

將兄名提出候選，足可表現對兄之好感與重視，
至當選與否，無多大關係，他深以為然。

## 12 月 24 日　星期四

蔣雨岩先生（作賓）本日午後病故，多年有感情之
老友，忽聞去世，悼痛殊深。余于本月十二日見面時，
觀其病勢已大好轉，惟已顧慮可以隨時加重，今不幸而
言重矣。

## 12 月 25 日　星期五

駐藏辦事處副處長張威白，在辦事處未成立之先，
已任拉薩無線電台長兼小學校長及本會諮議接洽藏事，
迨余入藏成立辦事處，派張為副處長。惟近年來，各方
情報張有嗜好，經教育部將小學校長先行免去。不料
最近藏政府與辦事處之糾紛案，據報張有對國家不忠實
之嫌疑，乃為蔣總裁所聞，遂令交通部將其撤回。茲張
來電辭本會副處長，自應照准。查張在藏一身兼三職，
待遇（發外匯）優厚，在抗戰期中，公務人員很少如此
待遇者。威白應該如何潔身自愛，圖報黨國，乃竟不自
檢點，得期結果，其失敗最大原因是常識不夠，亦是命
運不佳。關于邊疆近代之大事，雖有若干專書記載，而
欲求簡單易于明瞭者實不易得，今晨特面諭蒙事處康科
長作羣、藏事處黃代科長子翼、總務處馬薦任科員馬肇
彭，分別編制近三百年來蒙古、西藏、新疆大事表，限
兩月期完成。

## 12月26日　星期六

本會于本日上午十時開常務會議，討論黨政工作考核委員會卅年度工作成績考核報告，亟宜將蒙藏委員會職權明白規定，且與其他各機關間之權限劃分清楚，以免紛淆案。次討論總裁訓示戰後復原計劃，希望各部會主管在卅二年度對于此項要特加注意案，及其他要案數件。十二時散會，留各委員午餐。午後祭祖，推惟仁夫人首先行禮，再由余及麗安、申叔、光叔依次行禮。蓋自余與惟仁夫人廿三歲接婚後，數十年吾家祭祖，統由惟仁夫人主持，今特推夫人首先敬禮，亦余尊重夫人之道也。

### 夜夢乘馬

余昨夜夢著軍服乘駿馬（如外國馬），該馬棗紅、黑鬃，既高大且馴良，一望而知受過教育。余某年夢隨蔣總裁及其夫人，于天將明時至火車站，見車站附近拴馬數匹，內有單拴一匹粉嘴黑馬，非常美麗。又本年二月夢乘馬空中行，落海邊，其後于去冬往西北考核黨政，及今夏隨總裁視察西北，及與蔣夫人赴新疆，或即該兩夢之預兆也。這次又夢乘馬，或又將遠行，不過身著軍服，實非余之所願也。姑記之，以測將來。

## 12月27日　星期日

為本會而設之遷建區永興場小學，于今午開展覽會、懇親會，余偕惟仁夫人等前往參觀。該校房屋簡陋與開辦時間未久，因陳校長及教職員等熱心辦事，學生成績尚佳，內務亦尚整潔，殊堪嘉許。申叔在該校六年

級，將于寒暇畢業，光叔在該校一年級。午後一時偕麗安、昆田進城，比即至蔣宅弔唁雨岩先生。回想在半月前，雨岩先生尚能與余談笑自若，今則一臥不起，感嘆殊深。晚七時在外交部吳次長國楨家設席，招待駐英大使顧維鈞氏，藉談對藏英國外交，並約陳芷汀等作陪。

## 12 月 28 日　星期一

上午九時參加中央紀念週後，出席中央常會，通過例案數件。遂決議褒揚蔣雨岩先生，並組織制喪委員會，又一次發給卹金十五萬元，可謂死後光榮也。午後會晤新疆財政廳長彭吉元君、綏遠傅主席代表趙仲容君，分別交換彼此對于各該省之黨政意見。總括言之，該兩省地位重要，近年來能如此安定，與各種事業均有進步，深為欣慰。

## 12 月 29 日　星期二

上午九時出席行政院會議，通過重慶大學、山西大學改為國立東南聯合大學，歸併國立英士大學，又任命黃季陸四川大學校長、張洪沅重慶大學校長等案。午後入城沐浴，並于街市散步，眼見各種物品昂貴，然購者甚少，可見購買力日漸減抵。晚間前交通部長張公權來訪，據談他向蔣總裁表示，在交通部七年之久，未用私人，且集合大批技術人才，而現存各種材料，足敷二年之用。蔣答云交通部已有基礎。他又云中國銀行完全是他整理所成基礎，現在交通部與中國銀行統交國民黨，可對得起國民黨矣。言下仍有不平，余特加以安慰。

## 12月30日　星期三

蔣雨岩先生靈櫬于今晨八時由上清寺蔣宅發引，暫厝沙陀觀，余親往執紼至儲齊門江邊，以盡老友之誼。上午十一時半有警報，遂于午後一時解除。

## 12月31日　星期四

余前與軍委會何參謀總長、行政院陳秘書長聯名，呈復翁部長對藏建議案，並附呈對藏軍事、政治、外交相輔推進之主張。奉總裁批，軍事、政治、外交均已在進行中。現總裁已有命令，康、青兩省佈置軍事。該兩令另錄于後。蓋自余西藏歸來，即主張建設康、青兩省，佈置固定兵力，控制西藏，經二、三年之久，始有此令。總期能一貫施行，勿再遲疑，則西藏前途大可樂觀。查西藏政治尚在神權、僧侶、貴族時代，與中國文化相差太遠，其人民之困苦罄竹難書，且人口日漸減少，再過數十年，人種將亡，則西藏將成野獸之西藏。吾人對藏完全是人道主義，決無絲毫侵略之企圖。

**抄總裁致西康劉主席亥迴電（十二月廿四日）**

急。雅安劉主席自乾兄勛鑒：密。親譯。據報藏方近與倭寇勾結，並正加緊備戰中。為預防藏軍東侵，並使政治、外交運用有利計，除令第八十二軍即以步、騎兵三團，向玉樹、囊謙、加桑卡推進外，希即以第一三六師全部，向德格、巴安一帶金沙江沿岸佈防，另抽步、騎兵各一團，控制康定、甘孜間。機動策應歸唐副總指揮英統一指揮，右翼與馬步芳部切取連繫，對藏加強戰備，並于明卅二年寅月底以前完成隨時可以進出昌都之

準備。希即遵照辦理具報。中正。亥迴令一亨。

## 抄總裁致西寧馬主席亥迴電（十二月廿四日）

急。西寧馬主席子香兄勛鑒：密。親譯。據報藏方近與倭寇勾結，並正加緊備戰中。為預防藏軍東侵，並使政治、外交運用有利計，除令第廿四軍即以步、騎兵六團，向德格、巴安一帶佈防外，希即以步、騎兵各一團，向玉樹、囊謙、加桑卡（黑河北）推進，沿青、藏邊境佈防，另調騎兵一團，控制大河壩。機動策應統歸玉樹警備司令馬紹武指揮，並與劉文輝切取連繫，相機規復昌都，並于明三十二年寅月底以前完成作戰準備。希即遵照辦理具報。中正。亥迴令一亨。

　　本晚九時，行政院孔副院長夫婦在軍事委員會舉行除夕聯歡大會，招待外賓及各院部會長官與高級職員。計到二百餘人，並有音樂、遊戲等，頗集一時之盛。

## 卅一年除歲之感想

（1）公的方面

雖今夏有甘、寧、青、新、陝五省之行，西北局勢得以大定，而西藏局勢反日趨惡化，其結果，中央命令青、康兩省布置軍事，真是漢藏之不幸。其他會務均是照例辦公，無特殊進展。

（2）私的方面

麗安、兆麟、庸、光兩兒及張奶媽五人由香港脫險，平安抵桂，這是老天保佑吾等，亦可說是余一生未欺騙國家、社會，有所感應。余今春特赴桂林迎接麗安等，不料因彼等住桂或住渝之問題，致感情未臻圓滿。而今秋又鬧意見，嗣經叔仁等從中奔走，言歸于好，乃不幸中之大幸。

（3）國內方面

戰事以湘北大捷開始，援緬之役，到浙贛會戰。這三個主要戰役，湘北是絕對的勝，援緬是失敗，浙贛是得失參半。至政治、外交亦均差強人意，惟經濟更加困難，物價問題使得人人頭痛。現在中央已公佈命令，實施限價，這次限價必須有效，若再失敗，則生活前途更感棘手。

（4）國際方面

有太平洋大戰，有蘇德惡戰，更由北非之役，使義大利已畢露可憐相。日本雖未遭大失敗，但已走至徬徨與煩悶道上，德國戰略已告失敗。總括言之，軸心國已失去主動地位，明年是同盟國反攻之年，勝利可以預期也。

## 孔子言行之教

　　子張學干祿。子曰：「多聞闕疑，慎言其餘，則寡尤；多見闕殆，慎行其餘，則寡悔。言寡尤，行寡悔，祿在其中矣。」孔子深知子張好多言論，過于偏信見聞，而易于衝動，特以言行二語戒之。蓋多問、多見，學之博；闕疑、闕殆，擇之精；慎言、慎行，守之約。凡人如能做到此言行二語，則何功不成，何往不利。余一生亦好言論，雖心口如一，過于坦率，然往往使人誤會還不自知，因此吃虧之事太多，今後應加痛改，當以孔子之言為坐右銘。

民國日記 51

# 吳忠信日記（1942）

The Diaries of Wu Chung-hsin, 1942

原　　著　吳忠信
主　　編　王文隆
總 編 輯　陳新林、呂芳上
執行編輯　李佳若
封面設計　陳新林
排　　版　溫心忻

出　　版　🛡️ **開源書局出版有限公司**

香港金鐘夏慤道 18 號海富中心
1 座 26 樓 06 室
TEL：+852-35860995

🌼 **民國歷史文化學社** 有限公司

10646 台北市大安區羅斯福路三段
37 號 7 樓之 1
TEL：+886-2-2369-6912
FAX：+886-2-2369-6990

初版一刷　2020 年 12 月 31 日
定　　價　新台幣 350 元
　　　　　港　幣　90 元
　　　　　美　元　13 元
I S B N　978-986-99750-6-3
印　　刷　長達印刷有限公司
　　　　　台北市西園路二段 50 巷 4 弄 21 號
　　　　　TEL：+886-2-2304-0488

http://www.rchcs.com.tw

國家圖書館出版品預行編目 (CIP) 資料

吳忠信日記 (1942) = The diaries of Wu Chung-
hsin, 1942/ 吳忠信原著；王文隆主編 . -- 初版 . --
臺北市：民國歷史文化學社有限公司 , 2020.12

　面；　公分 . -- ( 民國日記；51)

ISBN 978-986-99750-6-3 ( 平裝 )

1. 吳忠信　2. 傳記

782.887　　　　　　　　　　　　　　109020047